Ramon Schack

Das Zeitalter der Idiotie

Wie Europa seine Zukunft verspielt

Reportagen

edition ost

Inhalt

Um die Lügen der Gegenwart durchzusetzen, ist es notwendig, die Wahrheiten der Vergangenheit auszulöschen.

George Orwell

Es gibt einen chinesischen Fluch, der da lautet: ›Möge er in interessanten Zeiten leben!‹ Ob wir es wollen oder nicht – wir leben in interessanten Zeiten …

Sir Hughe Montgomery Knatchbull-Hugessen,
britischer Botschafter in China, in seinen Memoiren, 1936

Kriege werden geführt, um Investitionen zu schützen und möglichst hohe Rendite zu realisieren. Kriege dienen dazu, die Gier einer kleinen Gruppe zu befriedigen. Die Soldaten selbst bezahlen oft mit ihrem Leben für den Krieg oder sind traumatisiert, nachdem sie andere Menschen getötet haben. Ich würde nie wieder in den Krieg ziehen, um irgendwelche lausigen Investitionen von Bankern zu schützen.

Smedley D. Butler, Generalmajor beim United States Marine Corps,
in »War Is a Racket«, 1935

In der internationalen Politik geht es nie um Demokratie oder Menschenrechte. Es geht um die Interessen von Staaten. Merken Sie sich das, egal, was man Ihnen im Geschichtsunterricht erzählt.

Egon Bahr im Gespräch mit Schülern im Rahmen der »Willy-Brandt-Lesewoche« im Friedrich-Ebert-Haus Heidelberg, 3. Dezember 2013

Ich saß in einem großen Wartesaal, und der hieß Europa. Acht Tage später fährt der Zug. Das wusste ich. Aber wohin er fuhr und was aus mir werden sollte, das wusste kein Mensch. Und jetzt sitzen wir wieder im Wartesaal, und wieder heißt er Europa! Und wieder wissen wir nicht, was geschehen wird. Wir leben provisorisch, die Krise nimmt kein Ende.

Erich Kästner, in: »Fabian«, 1931

Vorwort

Unter einer Idiotie versteht man umgangssprachlich ein dummes Verhalten, eine Idee, die nicht durchdacht wurde und negative Konsequenzen nach sich zieht.

Die Idee zum Beispiel, Russland ruinieren zu wollen, wie sie die amtierende Außenministerin der Bundesrepublik Deutschland zu Beginn der westlichen Sanktionspolitik gegenüber Moskau formulierte – um zunächst nur bei diesem einen Beispiel zu bleiben –, steht stellvertretend für den idiotischen Zeitgeist, um den es in diesem Buch geht.

»Das Zeitalter der Idiotie« ist sicherlich ein gewagter Titel für ein Buch, welches als Momentaufnahme zu verstehen ist. Er ist aber der nicht ganz abwegige Schluss beim Blick auf die weltpolitische Lage und die innenpolitische Verfasstheit der westlichen Gesellschaften im Allgemeinen und die der europäischen im Besonderen. Wir werden scheinbar von Idioten regiert, die Geschicke des Landes nicht mit Vernunft gestaltet.

Diese Titelwahl wurde inspiriert von einem Interview, welches ich mit Peter Scholl-Latour anlässlich seines neunzigsten und letzten Geburtstages geführt habe. Das war am 9. März 2014.

Dieser große Chronist eines Zeitalters sagte damals: »Wir leben in einem Zeitalter der Massenverblödung, besonders der medialen Massenverblödung.« Und weiter meinte er, und das gab dem Interview eine beklemmende Aktualität: »Wenn Sie sich einmal anschauen, wie einseitig die hiesigen Medien, von *taz* bis *Welt*, über die Ereignisse in der Ukraine berichten, dann kann man wirklich von einer Desinformation im großen Stil sprechen, flankiert von den technischen Möglichkeiten des digitalen Zeitalters, dann kann man nur feststellen, die Globalisierung hat in der Medienwelt zu einer betrüblichen Provinzialisierung geführt. Ähnliches fand und findet ja bezüglich Syrien und anderen Krisenherden statt.«

Auf die Frage: »Halten Sie die Entwicklung für gefährlich?«, antwortete der Bestseller-Autor: »Ja, vor allem auch für die EU. Ich frage mich, was sich die Europäische Union von einer Annäherung der Ukraine erhofft? In Brüssel sollte man sich besser auf eine Konzentration und Konsolidierung ausrichten, statt die Ausweitung nach Osten voranzutreiben. Schon mit der Aufnahme Rumäniens und Bulgariens haben sich die Kommissare in Brüssel übernommen. Käme nun noch die Republik von Kiew hinzu, wo von den Tataren die Wurzeln des heutigen Russlands gelegt wurden und die Bekehrung zum Christentum stattfand, dann würde das aufgeblähte Territorium der fragilen Europäischen Union bis rund dreihundert Kilometer an jenes Schlachtfeld heranrücken, das unter dem Namen Stalingrad berühmt wurde. Haben die Deutschen jedes Gespür für die Tragik der eigenen Geschichte verloren?«

Soweit Peter Scholl-Latour 2014 (*https://www.telepolis.de/features/Scholl-Latour-Wir-leben-in-einer-Zeit-der-Massenverbloedung-3364167.html?seite=all.*)

In den vergangenen Jahren habe ich mir oft die Frage gestellt, nicht nur im stillen Kämmerlein, sondern auch im Rahmen von Vorträgen und Lesungen, wie hätte Scholl-Latour wohl die gegenwärtige Entwicklung kommentiert, die er einst recht anschaulich prognostiziert hatte?

Europa ist heute von schwelenden und offenen geopolitischen Konflikten umrundet – von Nordafrika über den Nahen und Mittleren Osten, dem West-Balkan, dem Südkaukasus und der Ukraine. Dazu die Konfrontation mit Russland und wachsend zur Volksrepublik China. Die EU hat die Chance verspielt, als Kontinent des Ausgleichs und der Stabilität zu wirken. Während die USA auf Konfrontation zu China ging, hätte sich Brüssel – aber nicht nur dabei – als eigenständiger Akteur positionieren können und müssen. Das unterblieb, eine nüchterne Analyse fand nicht statt, obwohl in den vergangenen zwanzig Jahren, seit der Proklamation des »Krieges gegen Terror«, deutlich geworden ist, dass mit der Politik der USA weder der Terror besiegt noch »Leuchttürme der Demokratie« errichtet werden.

Auch wurde die Welt nicht »westlicher« oder »demokratischer«. Stattdessen vermehrten sich die gescheiterten Staaten (»failed states«), das Modell des Westens wurde (und wird) immer unattraktiver und inzwischen selbst in seinen Kernländern von den eigenen Bürgern zunehmend in Frage gestellt.

Es besteht zudem kein Zweifel, dass seit Beginn des Bürgerkriegs in der Ukraine 2014, insbesondere aber seit dem Februar 2022, in den etablierten Medien des

Westens eine Einseitigkeit vorherrscht, welche vor einigen Jahren noch unvorstellbar gewesen ist. Einen Kommentar beispielsweise wie den von Georg Restle zur Verantwortung der EU in der Ukraine-Krise, den er 2014 im *WDR* sprach, würde unter den heute herrschenden Verhältnissen kein Sender des öffentlich-rechtlichen Rundfunks ausstrahlen. Restle hatte darin nicht nur Russland, sondern auch die Ukraine zu einem Waffenstillstand ermahnt.

Sicherlich kann man zu der Überzeugung gelangen, dass die hiesige Berichterstattung über den Ukraine-Krieg zweckdienlich und wertegeleitet ist. Allerdings sollte man laut fragen: zu welchem Zweck, mit welchen Werten?

Wem das alles verworren vorkommt, ja nahezu undurchsichtig ist, sei etwa auf Aussage des einstigen Präsidenten des UN-Sicherheitsrates Kishore Mahbubani aufmerksam gemacht, der von einem einzigartigen Ökosystem in den USA sprach, welches die besten Geheimdienste und die besten Tageszeitungen der Welt umfasse. Der renommierte Politologe und Diplomat aus Singapur meinte damit Medien wie die *New York Times* und die *Washington Post*, aus denen überall in der Welt viel zitiert wird. Der US-Enthüllungsjournalist Glenn Greenwald fand dafür den Begriff »CIA-Stenografie«. Die Geheimdienste haben die Wege der Kommunikation infiltriert, so Greenwald.

Schon vor geraumer Zeit haben die ehemaligen CIA-Mitarbeiter John R. Stockwell und Frank Snepp in Büchern enthüllt, wie sie einst Journalisten in führenden US-Medien anwarben oder/und systematisch desinformierten. Dazu ist der Klassiker von Stockwell (»In Search of Enemies – A CIA Story«) zu empfehlen, ein Buch, welches nach meiner Kenntnis nie ins Deutsche übersetzt wurde, aber die darin geschilderten Mechanismen inzwischen auch bei uns praktiziert werden dürften.

Man muss in diesem Zusammenhang aber keineswegs davon ausgehen, dass der Journalismus in der westlichen Welt flächendeckend von Geheimdiensten unterwandert ist oder gesteuert wird. Viele Journalistinnen und Journalisten agieren und arbeiten heute selbstbestimmt, selbstständig und selbstbewusst. Sie sind überzeugt davon, dass die Haltung, die sie einnehmen und vertreten, die richtige sei – selbst wenn diese offensichtlich den Interessen des Staates und der politischen Macht dienten, die sie doch angeblich kritisch sehen.

Ersetzen wir den Begriff Haltung durch Gesinnung, so scheint eine Aussage von Sabina Lietzmann (1919-1995), der ehemaligen Korrespondentin der *Frankfurter Allgemeinen Zeitung* in New York City, zuzutreffen, auch wenn diese bereits vor Jahrzehnten formuliert wurde: »Den ›Gesinnungsjournalismus‹ bezeichne ich auch als ›Müll-Journalismus‹ nach dem Motto: ›Wir wühlen einfach so lange im Müll der anderen, bis wir etwas Verwertbares finden.‹ Ich betrachte diese Art von Journalismus – neben der Werbung und der Statistik – als die dritte legal betriebene Variante der großen gesellschaftlichen Lügen unserer Zeit. Sie ist jedoch auch die gefährlichste, weil Gesinnungsjournalismus zu einem Machtinstrument geworden ist.«

In der Tat: Wenn Journalisten darum eifern, die blödsinnigen, leichtfertigen und gefährlichen Äußerungen der höchsten Diplomatin der Republik zu verteidigen anstatt kritisch nachzufragen, dann wird dieses Machtinstrument sichtbar .

Der Soziologe Neil Postman (1931-2003) stellte 1985 die Frage, ob es in der künftig immer weiter fortgetriebenen »Spaßgesellschaft« überhaupt noch rationale politische oder gesellschaftliche Auseinandersetzungen geben werde. Im Schlusswort seines Buches »Wir amüsieren uns zu Tode. Urteilsbildung im Zeitalter der Unterhaltungsindustrie« warf Postman allerdings die Frage auf, ob wir die Schreckensvisionen, die George Orwell in »1984« darstellte, nicht schon eingeholt hätten, oder ob wir eher in der *Brave New World* lebten, die Aldous Huxley vorhersah. »Orwells Prophezeiungen haben für Amerika kaum Bedeutung, Huxleys freilich sind nahe daran, Wirklichkeit zu werden«, so der Medienwissenschafter Postman.

George Orwell fürchtete den Staat, der als Großer Bruder Bücher verbrenne und mit einem Wahrheitsministerium die Wahrheit unterdrücke. Aldous Huxley dagegen beschrieb die »Schöne neue Welt«, in der die Menschen mit »Fühlfilmen« und »Zentrifugalbrummball« die Zeit totschlagen – eine Gesellschaft, in der das Bücherlesen nicht verboten werden muss, weil sie freiwillig keine Bücher mehr liest. Weiter heißt es: »An Huxley und nicht an Orwell sollten wir uns deshalb halten, wenn wir verstehen wollen, auf welche Weise das Fernsehen und andere Bildformen die Grundlage der freiheitlichen Demokratie, nämlich die Informationsfreiheit, bedrohen.«

Und Postman fragte: »Wer ist bereit, sich gegen den Ansturm der Zerstreuungen aufzulehnen? Bei wem führen wir Klage – wann? Und in welchem Tonfall, wenn sich der ernsthafte Diskurs in Gekicher auflöst? Welche Gegenmittel soll man einer Kultur verschreiben, die vom Gelächter aufgezehrt wird?«

Ja, das ist eine wichtige Frage, die in diesem Buch natürlich nur indirekt beantwortet werden soll. Aber basierend auf meinen Reisen, welche mich in den vergangenen Jahren an die entferntesten und unterschiedlichen Schauplätze der Welt geführt haben, auf fünf Kontinenten, flankiert von Beobachtungen, Begegnungen und Analysen im Alltag, versuche ich zu erläutern, weshalb wir in diesem Zeitalter der Idiotie leben – vor allem aber, weshalb wir aus diesem wieder herauskommen müssen.

Indem ich meine, die Welt so zu beschreiben, wie sie ist, kritisiere ich natürlich jene, die sie so darstellen, wie sie ihrer Meinung nach wäre. Und die sich dann wundern, wenn jene, die ihre Arbeit rezipieren, sich darüber erregen, dass die Realität und Widerspiegelung dieser vermeintlichen Wirklichkeit nicht übereinstimmen.

Woran mag das wohl liegen?

Ramon Schack
Berlin, September 2023

Sri Lanka, Juli 2023

Über den Dächern von Colombo

In dem kleinen Pool, auf der Dachterrasse des Hotels Radisson, herrscht dichtes Gedränge. Eine Gruppe indischer Touristen hat sich dort breitgemacht, mit Bierflaschen in der Hand, filmt und fotografiert sich dabei unentwegt. Meinen Plan, hier oben im Pool ein paar Bahnen zu ziehen, habe ich schnell verworfen und stelle fest, dass sich neureiche Inder so benehmen, wie es Neureiche überall auf der Welt tun.

Ich lasse meinen Blick über die Dächer von Colombo schweifen. Die Aussicht ist beeindruckend, das Hotel liegt fast am Indischen Ozean, der Zugang zum Meer wird nur von einer Hauptstraße und einer Bahnschiene unterbrochen, auf der regelmäßig die Pendlerzüge verkehren. Colombo habe ich bei meinen Streifzügen als eine überaus lebendige und dynamische Stadt kennengelernt, deren internationales Renommee wahrscheinlich ausbaufähig ist. Von Spannungen zwischen Ethnien und Religionsgemeinschaften bekommen die Touristen nichts mit, die kulturelle Vielfalt wirkt anregend und harmonisch. Zumindest auf dem ersten Blick. Die Tatsache, dass Colombo 2022 von schweren Unruhen erschüttert wurde, die immerhin zum Sturz der Regierung führten, merkt man nicht.

Im Gegensatz zu den ausufernden Megacities im benachbarten Indien, die teilweise mehr Einwohner zählen als Sri Lanka insgesamt, sieht man in Colombo kein himmelschreiendes Elend oder ausufernde Slums, obschon der Alltag der meisten Menschen sich auf einem bescheidenen sozialen Niveau abspielt.

Es mag als ein seltsamer Einfall erscheinen, ein Buch, das den Untertitel trägt »Wie Europa seine Zukunft verspielt«, ausgerechnet auf dieser Insel zu beginnen, die – umspült vom Indischen Ozean – in unmittelbarer Nachbarschaft zum indischen Subkontinent liegt. Die Strategen in der EU und der NATO haben die Region des Indopazifik, zu der Sri Lanka gehört, zu ihrem Aufmarschgebiet erklärt, als Ausdruck einer immensen geostrategischen Überdehnung, ja als das drohende Scheitern eines strategischen Entwurfs, von denen der Westen in den letzten Jahren einige hinnehmen musste.

Es war der indische Marinestratege Gurpreet S. Khurana, der Anfang 2007 den Begriff »Indopazifik« erfand und in die geopolitische Debatte brachte. Inzwischen wurde diese Begrifflichkeit – ganz zum Entsetzen des Urhebers – umgedeutet. Die Wortschöpfung geschah mit dem Ziel, den indischen Subkontinent weltweit strategisch mit den Boom-Regionen Ostasiens am Pazifik in Verbindung zu bringen, was den Anspruch Indiens unterstreichen sollte, der Volksrepublik China auf dem Weg zum Status einer Weltmacht zu folgen.

Traditionell wurden die Anrainerstaaten des Indischen Ozeans – präziser: die asiatischen Anrainerstaaten, denn dieser Ozean reicht bis zu den Küsten Ost-Afrikas und West-Australiens – als *Süd-Asien* und getrennt von den südost-und ostasiatischen Anrainerstaaten des Pazifiks betrachtet. Bei dem Begriff »Indopazifik« handelt es sich also um einen relativ neuen Begriff, der aber an Bedeutung gewinnt und daher eine immer stärkere Verwendung findet.

Der deutsche Außenminister Heiko Maas schien vom »Indopazifik« geradezu fasziniert, als sei er der Außenminister eines Anrainerstaates und nicht der Bundesrepublik Deutschland, die ja bekanntlich eher im Herzen Europas liegt.

Erstaunlich ist es auf jeden Fall, wie viel Energie und Aufmerksamkeit Maas diesen fernen Gefilden widmete, wo doch schon vor dem Ukraine-Krieg 2022 inner- und außerhalb der EU sich die Konflikte zuspitzten und ungelöste Krisenherde auf diplomatische Lösungen harrten. In Ermangelung eigener außenpolitischer Zielsetzungen *von Wert* folgte Nachfolgerin Annalena Baerbock den geopolitischen Fußstapfen ihres Vorgängers. Frei von Selbstzweifeln, die ja auch eher als Eigenschaft reflektierter Individuen gilt, soll also an den Gestaden Asiens »unsere Freiheit« ebenso verteidigt werden wie einst am Hindukusch.

»Der Indopazifik ist eine Priorität der deutschen Außenpolitik«, ließ Maas während seiner Amtszeit von 2018 bis 2021 verlautbaren, Frau Baerbock folgt dieser Devise. Nicht die Ost- und die Nordsee, deren Anrainer die Bundesrepublik ist, nicht das Mittelmeer, welches die EU-Staaten mit Nordafrika und dem Nahen Osten verbindet, auch nicht der Atlantik, der angeblich

Europa und die USA in einem Verteidigungspakt namens NATO transatlantisch verbündet, sondern geradezu zusammenschweißt – der »Indopazifik« ist es. Die Bewohner und die Regierungen in Süd- und Ostasien werden diese Äußerung Baerbocks mit Erstaunen vernommen haben, gewiss auch viele Beobachter in Europa. Man stelle sich vor, der russische Außenminister hätte die Alpenregion zur Priorität der russischen Regierung erklärt, oder sein chinesischer Amtskollege die Ostsee. Der Aufschrei wäre gewaltig.

Auf der Website des Auswärtigen Amtes war man daher auch um einen etwas diplomatischeren Ton bemüht: »In den vergangenen Jahren hat der indopazifische Raum wirtschaftlich und politisch erheblich an Bedeutung gewonnen. Die Bundesregierung stellt nun die Weichen für ihre künftige Politik mit den Ländern im Indopazifik.«

Das ist zweifelsohne richtig – und wichtig wäre es daher, zu allen Staaten in dieser Region vernünftige und freundschaftliche Beziehungen zu entwickeln und zu pflegen, ohne gleich diese bedeutende Weltregion mit ihrem immensen demographischen und ökonomischen Potential gleich zur obersten »Priorität Berlins« zu erheben. Man kann den Eindruck gewinnen, im Auswärtigen Amt hätte man schon lange Zeit keine Kartenkunde mehr betrieben, denn in dem Text auf der Homepage heißt es weiter: »Geopolitische Machtverschiebungen im Indopazifik haben auch unmittelbare Auswirkungen auf Deutschland: Die Volkswirtschaften im europäischen und im indopazifischen Raum sind durch globale

Lieferketten eng miteinander vernetzt. Wichtige Handelsrouten führen durch den Indischen Ozean, das Südchinesische Meer und den Pazifik. Wenn Konflikte in der Region die Sicherheit und Stabilität dort beeinträchtigen, hat das auch für Deutschland Folgen.«

Vor allem hat es für Deutschland Folgen, wenn in unserer unmittelbaren Nachbarschaft Sicherheit und Stabilität gefährdet sind, weil durch falsche außenpolitische Ansätze und in transatlantischer Nibelungentreue neue Brandherde geschaffen werden, wenn auf Geheiß Washingtons die EU ihr Verhältnis zu Russland und zu China belastet und deutsche und westliche Rüstungsfirmen Konflikte anheizen. Aber auf solche Formulierungen verzichtet man im Auswärtigen Amt. Zusammenhänge dieser Art werden nicht hergestellt oder gar öffentlich gemacht.

Studiert man die Erklärungen auf der Homepage des Auswärtigen Amtes weiter – oder lauscht wahlweise ergriffen oder erschüttert den gleichermaßen brandgefährlichen wie unbedarften Formulierungen von Baerbock –, so könnte, wenn man es nicht besser wüsste, der Eindruck entstehen, es handele sich bei Staaten in der *Region Indopazifik* um irgendwelche Kolonien oder Bananenrepubliken, die nur darauf warteten, mit Berlins Außenpolitik auf den richtigen Weg zurückgeleitet zu werden. Dabei geht es doch unter anderem um die Milliardenvölker Indien und China.

Aber das Dilemma ist noch vielschichtiger.

So war man unter Heiko Maas im Auswärtigen Amt daran interessiert, nicht nur in der Hemisphäre Pekings,

Moskaus, Delhis oder Tokios Sicherheit und Stabilität zu garantieren, also all das, was in und um Europa nicht gelingt, sondern auch Vietnam in die strategischen Interessen einzubinden. Vietnam als Prellbock gegen die Volksrepublik China …

Was für eine deutsche Hybris, denke ich, während ich mir an der Bar einen neuen Drink mixen lasse. Diese außenpolitischen Winkelzüge in Richtung Süd- und Ostasien entsprechen in keiner Weise den Interessen der Bundesrepublik, der EU oder Europas. Sie sind ein geopolitisches Vabanquespiel und im direkten strategischen Interesse der USA. Im Rahmen der zu beobachtenden Frontstellung Washingtons gegen Peking übernimmt das Auswärtige Amt eine willfährige Rolle.

Meine Gedankenspiele werden unterbrochen. Der Kellner erkundigt sich nach meiner Nationalität.

»Germany«, sagt er anerkennend und bringt damit eine Wertschätzung zum Ausdruck, wie sie immer noch sehr viele Menschen auf Sri Lanka für die Bundesrepublik empfinden.

Wie steht es um diesen Inselstaat, der sich vor einem Jahr noch am Abgrund bewegte und nach Aussage des seinerzeitigen Ministers für Tourismus, des relativ jungen Christen Harin Fernando, um seine Existenz kämpfte? Bei meiner Reise durch Sri Lanka in den vergangenen Tagen, von der Westküste über das Landesinnere, hin zu den tamilischen Gebieten an der Ostküste, machte das Land auf mich einen recht gesunden Eindruck – auch gerade im Verhältnis zum benachbarten Indien, wo in vielen Landesteilen und insbesondere in

Colombo, Hauptstadt Sri Lankas: Blick vom Hoteldach

den Elendsgebieten der Metropolen eine schreckliche Armut herrscht. Und dies trotz der rasant wachsenden Mittelschicht und des phänomenalen globalen Aufstieges Indiens. Im Vergleich dazu wirken die sozialen Verhältnisse in Sri Lanka trotz der ökonomischen Schwierigkeiten noch sehr erträglich.

Während sich die Inder weiterhin lautstark im Pool vergnügen, blättere ich im *Sunday Observer*, der großen englischsprachigen Wochenzeitung, welche ich auf der Galle Road an einem Kiosk erworben hatte. Das Blatt gefällt mir, bietet geopolitische Analysen und Informationen, ohne die Leserinnen und Leser mit Nebensächlichkeiten oder Zeitgeist-Themen zu drangsalieren, wie es viele deutsche Leitmedien heutzutage zu tun pflegen. Während ich mich auf einen Artikel zu konzentrieren versuche, in dem es um den Blitzbesuch des japanischen Außenministers Hayashi und des französischen Präsidenten Macron in Colombo geht, fällt mir auf, dass ich ich von einem älteren, elegant wirkenden Herren am Nebentisch intensiv beobachtet werde.

»Sie haben Geschmack«, sagt der Mann in meine Richtung. »Es ist die einzig lesbare Zeitung hierzulande.« Der Mann lächelt, stellt sich als *Alex* vor, ehemaliger Pilot der *Lanka Airline*, wie die Fluggesellschaft *SriLankan Airlines* einst hieß. Jetzt sei er als Investment-Banker tätig. Ich schätze ihn auf Ende 60.

»Früher habe ich regelmäßig den *Sunday Leader* gelesen, die informativste und kritischste Zeitung, die es jemals in Sri Lanka gab«, sagt er. »Gegründet wurde das Blatt von einem Journalisten, wie es nicht viele gibt. Lasantha Wickrematunge war bekannt für seine furchtlosen Angriffe auf den Staatspräsidenten, den er mit Vornamen ansprach, weil er ihn persönlich kannte. 2009 wurde er ermordet.«

Ich erinnere mich, dass Lasantha Wickrematunge die Korruption in der Regierung und den Krieg gegen die tamilischen Rebellen anprangerte, sich aber dabei der Mittel bediente, die einem demokratischen Staat nicht angemessen sind. Unmittelbar vor seiner Ermordung hatte er zudem Späße über seine Gefährdung gemacht und stets Erstaunen darüber bekundet, dass er seinen jeweils letzten Artikel überlebt habe. Am 8. Januar 2009 war sein Auto von bewaffneten Männern in Colombo gestoppt worden. Sie feuerten auf ihn; wenig später erlag er im Krankenhaus seinen Verletzungen. Wickrematunge, um den zahlreiche Menschen öffentlich trauerten, wurde 52 Jahre alt und hinterließ drei Kinder.

»Die Tatsache, dass der Mord in Nähe einer Kaserne erfolgt war, nährte die Spekulationen, dass die Regierung hinter dem Anschlag steckte«, sagt der Investment-Banker. »Wickrematunge war nicht das erste Opfer. Vor ihm starben zahlreiche Kollegen.«

Wir beide schweigen, Alex nippt an seinem Drink. »Ein Freund der Rebellen war Wickrematunge nicht; als ›blutdurstig und skrupellos‹ bezeichnete er sie in seinem letzten Artikel, der posthum veröffentlicht wurde. Den Text, der einem Vermächtnis gleichkommt, habe ich zuhause an die Wand gehängt. Er ist ein Dokument mutigen Journalismus, entstanden in einem Staat, der im Schatten der Weltöffentlichkeit die offene Gesellschaft demontiert.«

In der Zwischenzeit blicke ich auf mein Smartphone, wo das Ergebnis meiner Google-Recherche sichtbar ist. »Wenn ich schließlich getötet sein werde, ist es die Regierung gewesen, die mich getötet hat«, schrieb Wickrematunge in dem von Alex erwähnten Beitrag. »Kein Beruf verlangt von einem, dass man sein Leben für ihn lässt. Das tut nur die Armee und, in Sri Lanka, der Journalismus. Im Lauf der letzten Jahre sind die unabhängigen Medien des Landes immer stärker unter Beschuss geraten. Medienhäuser sind angegriffen worden: angezündet, bombardiert, abgesperrt, genötigt. Unzählige Journalisten sind drangsaliert, bedroht und getötet worden. Mir war es eine Ehre, in diese Kategorien zu passen – und nun vor allem zur letzteren.«

Alex aus der singhalesischen Oberschicht lächelt milde, als ich ihm meine relativen positiven Impressionen wiedergebe, die ich bei meiner Reise durch Sri Lanka gewonnen hatte.

»Wissen Sie«, sagt er, nachdem er sich beim vorbeieilenden Kellner einen neuen, seinen dritten *Moscow Mule* bestellt hatte, »die Krise des vergangenen Jahres kam weder plötzlich noch ist sie vorbei. Sri Lankas chronische Krankheit heißt Korruption, eine Krankheit die alle Bereiche unserer Gesellschaft durchdringt.«

Seine Ausführungen werden von lautstarken Beats unterbrochen, die aus den Smartphones der indischen Gäste am Pool dröhnen. Einer der Kellner nimmt sich schnell der Ruhestörung an, und nach einigen Protestlauten erstirbt der Soundtrack aus irgendeinem Bollywood-Film.

Die aufstrebende indische Mittelschicht macht lautstark Urlaub auf Sri Lanka

»Schauen Sie sich unsere indischen Freunde hier an«, grummelt mein Bar-Nachbar. »Die neue, aufstrebende Mittelschicht hält immer noch den *American Way of Life* für das erstrebenswerte Maß aller Dinge und versucht die US-Mittelschicht zu imitieren. Da sind mir doch die Chinesen aus der Volksrepublik lieber, die wenigstens ihren Stolz bewahren.«

Was die antichinesischen Demonstrationen des letzten Jahres angehe, so glaube er, dass diese vom Westen inszeniert wurden mit der Absicht, den Einfluss Chinas in Sri Lanka zu reduzieren. »Eine Volkserhebung aber war das nicht. Das Schicksal Sri Lankas vesteht sich eben darin, in einer Art Schaukelstellung zwischen Delhi und Peking zu verharren. Nur so haben wir eine Chance auf Frieden und Stabilität.«

Am Ende unserer Konversation lädt mich Alex zu sich nach Hause ein. Die Einladung für den morgigen Abend muss ich ausschlagen, wir vereinbaren unseren Meinungsaustausch aber online fortzusetzen.

Zum Abschied bittet er mich jedoch, falls ich über unser Gespräch schreiben sollte, ihn nicht namentlich zu zitieren.

Und schließlich verblüfft er mich mit einer Frage, die offenkundig auf Informationen gründet, die er dem *Sunday Observer* entnahm: »Sagen Sie, was ist bei Ihnen in Deutschland los? Sind in Berlin die Roten Khmer an die Macht gekommen, die jetzt an der Zerstörung Ihres Landes arbeiten? Wie kann man sich selbst in so große Schwierigkeiten bringen?«

An den Stränden von Negombo

Am acht Kilometer langen Sandstrand der Hafenstadt wiegen sich die Palmen im leichten Wind. Die Straße vor dem *Jetwing Beach Hotel* ist durch Gasthäuser, Galerien, Geschäfte, Imbisse und Restaurants geprägt. Die Nähe zum Bandaranaike Flughafen (sechs Kilometer) und zu Colombo (vierzig Kilometer), dazu die attraktive Lage an den Ufern des Indischen Ozeans, ließ Negombo schon in den 1970er Jahren zu einer der Top-Touristen-Destinationen aufsteigen.

Doch 2022, hervorgerufen durch die innenpolitischen Wirren, brachen die Besucherzahlen ein, kaum dass sie sich nach der Pandemie wieder erholt hatten. Aufgrund ihres multiethnischen und multireligiösen Charakters mit ihren 140.000 Einwohnern ist die Stadt ein Spiegelbild der Gesellschaft Sri Lankas. Auf der Insel leben etwas mehr als 22 Millionen Menschen.

Sanjeevah, 49 Jahre alt, ist am Morgen auf dem Weg zum einige Kilometer entfernt liegenden Fischmarkt. »Kann schon sein, dass die Tourismus-Branche wieder an Fahrt gewinnt, davon habe ich aber als Fischer kaum etwas.« Er gehe nicht selten hungrig ins Bett, weil er aufs Essen verzichtete, nur damit seine Tochter satt werde, erzählt er, während wir gemeinsam über den *Lewis Place* laufen, der Hauptstraße von Negombo, die parallel zum Strand verläuft.

Die Tatsache, dass die Inflation im Juli 2023 mit 6,3 Prozent seit fast zwei Jahren erstmals wieder im einstelligen Bereich liegt, lässt den Fischer unbeeindruckt. »Es ist immer noch alles zu teuer, besonders was die Ausrüstung und die technische Ausrüstung für mein Boot angeht.«

Die Verkäuferin im Obstladen, in welchem Sanjeevah Mango kauft, scheint optimistischer. »Im Vergleich zum letzten Jahr hat sich die Lage stabilisiert, ich schaue positiv in die Zukunft. Wenn jetzt auch noch die Touristen wiederkehren, sind wir über dem Berg!«

Ähnlich zuversichtlich äußerte sich auch Sri Lankas Präsident Ranil Wickremesinghe während eines Staatsbesuches im benachbarten Indien. »Ich habe Sri Lanka beharrlich auf den Weg der wirtschaftlichen Reformen gebracht«, sagte er dort. Sri Lanka sei durch die Maßnahmen seiner Regierung stabilisiert worden. Das Vertrauen in den Staat sei gestärkt worden – innerhalb wie auch außerhalb des Landes.

Wickremesinghe bekleidet seit dem 13. Juli 2022 das Präsidentenamt, nachdem sein Vorgänger Gotabaya Rajapaksa gestürzt worden war.

»Verstehe mich nicht falsch«, sagt Sanjeevah. »Ich weine dem alten Präsidenten keine Träne nach. Aber das war keine Volkserhebung im letzten Jahr, die Masse der einfachen Menschen war nicht am politischen Machtwechsel beteiligt, wir hatten und wir haben um unsere eigene Existenz zu kämpfen. Es waren überwiegend die besser gestellten und die gebildeten Leute, die wegen politischer Forderungen auf die Straße gingen.«

Mit dieser Einschätzung steht er nicht alleine, wie ich auch von anderen Menschen zu hören bekomme.

Der Weg zum Fischmarkt führt an Kirchen, Pagoden, Moscheen und Tempeln vorbei. Tür an Tür leben und beten Singhalesen, Malaien, Burgher, Tamilen und Moors, wie die tamilischsprachigen Muslime genannt werden. Sanjeevah selbst ist Christ so wie die meisten Menschen in Negombo. Oberflächlich betrachtet ist in der Stadt wie auch andernorts auf der Insel nichts von der wirtschaftlichen, sozialen und politischen Krise zu spüren, und dass das Land vor einem Jahr am Abgrund stand. Aber gerade in den unteren Schichten der Gesellschaft hat man sich noch nicht davon erholt.

Sanjeevah begrüßt seinen Bekannten Chanaka. Dieser besitzt ein kleines Souvenir-Geschäft. Der 37-Jährige bestätigt, dass die Touristen zurück sind, wenn auch nicht in dem Maße wie vor der Pandemie. »Wir hatten schon vor dem Tsunami von 2004 unseren Spitzenplatz an die Südküste verloren«, meint er. Aber inzwischen werde Negombo an der Westküste der Insel wieder attraktiv. Auch als Ausgangsbasis für Reiseziele im Norden. Chanaka meint damit die tamilischen Gebiete um die Hafenstadt Jaffna an der Inselspitze, die noch vor wenigen Jahren vom Bürgerkrieg und seinen Folgen heimgesucht worden war.

Als sich im Mai 2009 die Führung der *Tamil Tigers* in die Luft sprengte, endete nach erbitterten Gefechten an den Tropenstränden der Bürgerkrieg in Sri Lanka. Der blutige Konflikt zwischen der buddhistischen Mehrheitsbevölkerung, den Singhalesen, und den hinduistischen Tamilen dauerte ein Vierteljahrhundert. Seine Wurzeln lagen in der britischen Kolonialzeit.

Damals wurden die Tamilen von den Briten in der Kolonie Ceylon systematisch bevorzugt, indem man sie beispielsweise auf wichtige Verwaltungsposten setzte. Die Kolonialmacht siedelte außerdem zahlreiche Tamilen aus dem indischen Bundesstaat Tamil-Nadu auf der Insel an. Noch heute unterscheidet man auf Sri Lanka zwischen sogenannten Indien-Tamilen und Sri-Lanka-Tamilen.

Nach dem Ende der Kolonialzeit rächte sich diese Bevorzugung der Tamilen – singhalesische Nationalisten sorgten nach dem Abzug der Briten für deren systematische Diskrimierung. Was wiederum dazu führte, dass sich viele Tamilen nach mehr autonomer Selbstständigkeit, einem eigenen Staat oder einem Anschluss an Indien sehnten. Die *Tamil Tigers* verliehen diesem Wunsch mit militärischer Gewalt Nachdruck. Nach 1983 brachte die *Liberation Tigers of Tamil Eelam* (LTTE) fast ein Drittel des gesamten Staatsgebietes unter ihre Kontrolle.

Ihrer Taktik der Selbstmordanschläge fielen unzählige Politiker und Zivilisten zum Opfer, darunter 1991 auch der indische Premierminister Rajhiv Gandhi – Sohn der 1984 ermordeten Indira Ghandi. Auch die eigene tamilische Bevölkerung war Repressionen ausgesetzt. Auf beiden Seiten kam es zu massiven Menschenrechtsverletzungen und Massakern.

Das Vorgehen der singhalesischen Armee und das Verhalten des singhalesischen buddhistischen Klerus widerlegten das im Westen gepflegte Gutmenschen-

Bild von friedfertigen Buddhisten. Religiöser Fanatismus ist in allen Glaubensrichtungen zu finden.

Der Souvenirhändler Chanaka ist fest davon überzeugt, dass es in der jungen Generation keine Rolle mehr spiele, welcher ethnischen oder religiösen Gruppe einer oder eine angehört. Diese Generation vertrete ein Sri Lanka in seiner ganzen Vielfalt. »Der Tourismus ist dabei hilfreich, deshalb muss er auch gefördert werden. Er heilt auch Wunden, die in der Vergangenheit geschlagen wurden«, meint er.

»Ich war neun Jahre alt, als der Bürgerkrieg begann«, sagt der 49-jährige Sanjeevah. Mehr als die Hälfte seines Lebens habe er Mord und Terror erleben müssen. Aber Hass auf andere Religionen empfinde er nicht. Chanaka selbst ist Buddhist.

Auf dem Fischmarkt herrscht dichtes Gedränge. Viele Marktfrauen belegen ihre Kundschaft mit zotigen Sprüchen, wobei sie nicht selten dicke Zigarren rauchen. Ein skuriles, archaisch anmutendes Bild. Sanjeevah führt mich durch die engen Markthallen und zu einem in einer Lagune gelegenen Fischereihafen, dem bedeutendsten in Sri Lanka, wie er sagt.

Von hier aus werde die ganze Insel mit Fisch versorgt, besonders aber mit Garnelen und Shrimps. Der Strand ist übersät mit Thunfisch, der hier überwiegend von Frauen zum Trocknen aufgereiht wird.

Direkt am Ufer liegen zahlreiche Oruwa, wie man die attraktiven, mit braunen Segeln bestückten Katamarane nennt, welche weit draußen auf dem Meer unterwegs sind.

Fischfrauen am Strand von Negomo

Einige der Boote sind mit Swastika verziert, Kreuzen mit abgewinkelten Schenkeln, jenen Zeichen, die seit tausenden Jahren in vielen asiatischen Kulturen als Glücksbringer gilt. Für unsereinen ist es, nachdem die deutschen Nazis dieses Hakenkreuz okkupierten, ein Unglückszeichen. Swastika wurzeln im Theravada-Buddhismus, welcher in Sri Lanka vorherrscht: Sie sollen Buddhas Fußspuren darstellen.

Auch im Hinduismus ist das Hakenkreuz das wichtigste Zeichen, es symbolisiert den ewigen Kreislauf von Geburt und Tod, wird also auch als Zeichen der Reinkarnation interpretiert.

»So ein Boot besitze ich auch«, erklärt Sanjeevah bei einer Tasse Tee an einem gut besuchten Imbiss-Stand. »Sieht gut aus, ist aber nicht mehr konkurrenzfähig.« Momentan spart er sich das Geld für ein Motorboot im Wortsinne vom Munde ab, um mehr Fisch fangen zu können. »Wenn ich dann mehr Geld in der Tasche habe, kann ich meinen Töchtern auch eine vernünftige Schulbildung finanzieren.«

Sanjeevah berichtet freimütig von seiner Kindheit und Jugend, dass er beispielsweise mit 15 Jahren in die Prostitution abgeglitten sei und sich an Stränden im Umfeld der Hotels herumgetrieben habe. Er habe sich von britischen, niederländischen und deutschen Sextouristinnen aushalten lassen. »Aber das ist lange her. Wir Sri Lankaner sind zäh, wir überstehen Bürgerkriege, Terrorismus, Naturkatastrophen und Wirtschaftskrisen.« Sanjeevah führt mich zu einem besonderen Ort. Per Tuk-Tuk, der Autorikscha mit dem Zweitaktmotor, dessen Geräusch dem Gefährt seinen Namen gab, passieren wir etliche katholische Kirchen. Sie sind Folge der portugiesischen Missionierung. Den vielen Gotteshäusern verdankt Negombo den Beinamen »Klein Rom«.

Das Tuk-Tuk stoppt nach einer Viertelstunde vor einem großen Gotteshaus im neugotischen Stil. Es handelt sich um die Kirche St. Sebastian. Ostern 2019 erfolgte hier einer der zahlreichen Sprengstoffanschläge. Im Lande starben am Fest von Christi Auferstehung etwa 250 Menschen, allein in dieser Kirche 67.

Die Kirche strahlt längst wieder im alten Glanz, nichts erinnert an den Anschlag. Allenfalls das Militär, das am Eingang wacht und die Ausweise der Besucher kontrolliert. Und eine mit Blut bespritzte Christusstatue in der Nähe des Altars.

»Die Kirche war voll besetzt, kein Wunder, es war ja ein Festtag«, berichtet Sanjeevah. »Verwandte von mir waren auch unter den Gläubigen. Ihnen ist körperlich nichts passiert.« Er selbst sei mit seiner Familie in einer anderen Kirche gewesen. Sanjeevah zeigt auf eine Kirchenuhr, die zum Zeitpunkt der Detonation stehenblieb. Der Selbstmordattentäter hatte sich inmitten der Kirchgänger in die Luft gesprengt. »Mit einer Reihe von Anschlägen sollte das Volk von Sri Lanka in einen neuen Religionskrieg getrieben werden. Aber dieses Vorhaben scheiterte. Das Zusammenleben von Christen und Muslimen, Hindus und Buddhisten konnte nicht nachhaltig gestört werden. Das friedliche Mit- und Nebeneinander verschiedener Religionen ist der wahre Reichtum unseres Volkes. Deshalb denke ich, Sri Lanka ist auf dem richtigen Weg«, erklärt Sanjeevah, bevor er sich verabschiedet und wieder in Richtung Fischmarkt fährt.

Ich schaue diesem freundlichen Mann hinterher, der mit mir einen ganzen Vormittag verbracht hat. Wie unzählige seiner Landsleute kämpft er täglich ums Überleben, ohne dabei zu verbittern. So kommt es mir zumindest vor.

Kasachstan, Juni 2023

Die Welt trifft sich in Astana

Das Taxi rollt vom Hotel in Richtung Zentrum der Hauptstadt. An meinem Auge gleiten Neubauten vorbei. Architektonisch mitunter sehr interessant. Großzügig angelegt die Straßen, von Blumenrabatten und Alleebäumen gesäumt. Die kasachische Hauptstadt Astana heißt übersetzt »Stadt«. Früher hieß sie Aqmola, und zwischen 2019 und 2022 Nur-Sultan, benannt nach dem ehemaligen Präsidenten Nursultan Nasarbajew, der seit dem Ende der Sowjetunion 1991 bis 2019 die Fäden der Macht in Kasachstan in der Hand hielt.

Meine Fahrt geht zum Bajterek-Turm, einem der Wahrzeichen der mit 1,3 Millionen Einwohnern zweitgrößten Stadt des Landes. Hier gelten Gebäude bereits als historisch, wenn sie älter als dreißig Jahre sind und also noch aus der Sowjetzeit stammen. Der Aussichtsturm ist noch nicht historisch: Er wurde 1997 errichtet, als die Regierung von Almaty nach Astana umzog.

Der Fahrer erkundigt sich nach meiner Herkunft und beginnt von Berlin zu schwärmen, von Paris, ja von Europa überhaupt, dem Kontinent, den der französische Lyriker Paul Valéry als »Kap Asiens« bezeichnete. Die schönen Bilder von Europa wurden mit Berichten von Kasachen gezeichnet, die schon in der Welt herumkamen. Diese aber werden auch selbstbewusst ins Verhältnis zur eigenen Heimat gesetzt und nähren das begründete Gefühl, dass das mittelasiatische Kasachstan – mit 2,7 Millionen Quadratkilometern der größte Binnenstaat der Welt – ein Riese sei, der nun aus einem jahrtausendelangen Schlaf erwacht sei, sich erhoben hat, sich regt und streckt und vorwärts marschiert.

Aktuell wird Astana – es ist Anfang Juni 2023 – von einer Hitzewelle heimgesucht. Ich genieße die Kühle, die mich im Besucherraum des Bajterek-Turms umfängt. Die modernen Klimaanlagen leisten Beachtliches.

Dieser Turm, in unmittelbarer Nähe des Regierungsviertels gelegen, dient auch als architektonischer Beweis für die Zugehörigkeit Kasachstans zur riesigen turksprachigen Völkerfamilie, die sich vom Mittelmeer bis in den Westen der Volksrepublik China erstreckt. Ein Großteil der Einwohner bedient sich jedoch des Russischen – beim Einkauf wie beim Behördengang. Im Alltag und daheim sowieso. Kasachstan war sieben Jahrzehnte lang Sowjetrepublik. Die Horrormeldungen in westlichen Medien über Sprachkonflikte im Land entpuppen sich vor Ort als das, was sie von Anfang an waren: als Märchen. Kasachstan ist ein Vielvölkerstaat, in dem Russen neben Kasachen, Tataren neben Deutschen leben, die sich untereinander überwiegend in der Sprache Tolstois, Scholochows, Stalins und Putins verständigen.

Im unteren Bereich des Turms werden Artefakte aus der nomadischen Vergangenheit Kasachstans ausgestellt. Sie wirken neben all dem Marmor und den vergoldeten Türen ein wenig deplaziert, erinnern aber daran, woher man kam.

Der Fahrstuhl transportiert mich rasch nach oben auf die Aussichtsplattform, von der man weit über die Grenzen der Stadt hinausblicken kann, in jene endlose, baumlose Steppe, die sich vom Kaspischen Meer bis nach Sibirien erstreckt, in deren Mitte Astana liegt. Ganz so trostlos, wie häufig beschrieben, erscheint die Steppe aber nicht, zumindest beim Blick von hier oben. Bei der Errichtung der neuen Kapitale wurden im Umland reichlich Bäume gepflanzt. Ein grüner Gürtel umschließt sie lückenlos .

Was mag Nursultan Nasarbajew in den 1990er Jahren bewogen haben, die Hauptstadt um fast anderthalbtausend Kilometer in diese damalige Einöde im Norden des Landes zu verlegen? War's eine Demonstration gegenüber Russland, ein Reflex auf eine Forderung des nationalistischen Schriftstellers Alexander Solschenizyn, Russland müsse seinen »asiatischen Unterleib« zurückerlangen, womit er die nordkasachische Steppenregion meinte. Oder war's die Furcht vor der Sogkraft der Volksrepublik China, in deren unmittelbarer Nachbarschaft Almaty liegt? Vielleicht plante Nursultan Nasarbajew – der bis zum Untergang der Sowjetunion Generalsekretär des ZK der KP Kasachstans und zuvor dessen Ministerpräsident gewesen ist – eine Neufindung der Nation und auch seiner Person. Die Hauptstadt hieß, wie schon erwähnt, für einige Jahre so wie er.

In 97 Metern Höhe befindet sich die Plattform, symbolisch für das Jahr des Regierungsumzuges 1997.

Hier gibt es auch ein Abdruck – Alakan– der rechten Hand von Präsident Nasarbajew. Der ist vergoldet. Und wenn man seine Hand in die Ausformung legte, ertönte die Nationalhymne. Die wollten viele hören, deshalb bildete sich dort immer eine Schlange.

Nun nicht mehr. Kasachstan kämpft gegen den Personenkult. Der vergoldete Handabdruck ist noch da. Aber der Lautsprecher schweigt.

Unten am Turm beobachte ich das Straßenleben. Die Passanten wirken gelöst und sind gut gekleidet. Plötzlich spricht mich ein junger Mann an, der einen Jungen auf dem Arm trägt. Es sei sein viertes und jüngstes Kind, erfahre ich im Gespräch, und werde mit der Frage konfrontiert, ob er mich vielleicht schon einmal in Deutschland gesehen haben könnte. Im Fernsehen oder im Internet, ihm schiene es jedenfalls so. Ich halte es für eine billige Anmache, erfahre dann aber, dass er Arzt sei und eine Schwester habe, die in Hamburg lebe. Die besuche er häufig. Daher vielleicht seine ein wenig aufdringliche Frage. Der Unmut weicht, ich fühle mich geschmeichelt.

Wir kommen ins Gespräch über Land und Leute. Der Arzt erzählt, dass es vielen Menschen ökonomisch besser gehe als noch vor Jahren, ein Großteil der Bevölkerung schaue optimistisch in die Zukunft.

Wir tauschen unsere Kontaktdaten aus, bevor ich meinen Weg durch das Stadtzentrum fortsetze. Trotz der hohen Temperaturen herrscht hektische Betriebsamkeit auf Straßen und Plätzen. Ich vermute, dass es nicht am *Astana International Forum* (AIF) liegt, das zur

Stunde hier zusammentritt. Es ist auch der Grund, weshalb ich in die kasachische Hauptstadt gereist bin. Ich werde für die *Berliner Zeitung* vom Forum globaler Mittelmächte berichten. Siebzig Staaten rechnen sich zu diesem Kreis, zumindest so viele haben ihre Vertreter geschickt, um Fragen der Außen- und Sicherheitspolitik, der Entwicklung und Nachhaltigkeit, Energie und Klimawandel, Wirtschaft und Finanzen gemeinsam zu erörtern. Jenseits der alten und neuen Supermächte und ihrer Bündnisse. Die EU glänzt durch Abwesenheit.

Abgesandte aus siebzig Staaten kamen nach Astana

Der Emir von Katar gehört zu den etwa tausend hochrangigen Forum-Gästen, die von Präsident Qassym-Schomart Toqajew vor dem Veranstaltungsort persönlich begrüßt wurden. Toqajew ist seit 2019 im Amt, zuvor war er als Diplomat unterwegs, unter anderem leitete er als Generaldirektor das Genfer Büro der Vereinten Nationen. Gekommen sind der Präsident der Kirgisischen Republik, Sadyr Dschaparow, die Vorsitzende des Staatspräsidiums von Bosnien und Herzegowina, Željka Cvijanović, sowie Helga Maria Schmid, Generalsekretärin der Organisation für Sicherheit und Zusammenarbeit in Europa (OSZE).

Der US-Fernsehsender CNN ist einer der Organisatoren (so groß ist die Distanz zur Führungsmacht der westlichen Welt also doch nicht). Ein CNN-Prominenter eröffnet das Forum und moderiert den Auftritt von Präsident Toqajew, dem Gastgeber. Der fordert mit akzentfreiem Englisch und mit Nachdruck, dass die Stimmen der Mittelmächte angesichts der globalen Spannungen notwendiger denn je erhoben werden müssten. Er spricht auch in eigener Sache, wenn er von nationaler Unabhängigkeit und internationaler Zusammenarbeit spricht, die frei von Sanktionen und politischen Zwängen zu erfolgen habe. Anfang Januar 2022 hatte es erstmals Unruhen in der ehemaligen Sowjetrepublik gegeben. Das war neu, denn im Unterschied zu anderen Ex-Sowjetrepubliken galt Kasachstan als politisch stabil, und diese Stabilität gründete einerseits – Dank der reichen Öl- und Mineralvorkommen – auf wirtschaftlichem Wachstum und andererseits auf, nunja, einem klaren politischen Führungsstil, der wiederholt im Westen als autoritär moniert worden war. Unmittelbarer Anlass der Unruhen, die mit russischer, belorussischer, armenischer, tadshikischer und kirgischer Hilfe binnen drei Wochen militärisch beendet wurden, war die Verdopplung der Energiepreise. Aber natürlich spielte auch der Überdruss an der Person Nursultan Nasarbajew eine Rolle. In Almaty skandierten Demonstranten »Shal ket!« (»Alter Mann, geh!«), denn obgleich Nasarbajew nicht mehr Präsident war, übte er noch immer wichtige Staatsämter aus und zog im Hintergrund die Strippen.

Allerdings konnte im Westen das bei solchen Vorgängen übliche Narrativ – die Volksmassen fordern Freiheit und Demokratie, die legitimen Proteste werden vom autokratischen Regime brutal niedergeschlagen – nicht lange verbreitet werden. Unter den über zweihundert Toten waren nicht wenige Polizisten und Soldaten, die grausam ermordet worden waren. Im Wortsinne rollten dort Köpfe, was auch im Westen nicht unbedingt als demokratische Gepflogenheit gilt.

Stattdessen zeigte man sich über die Entsendung von russischen Truppen nach Kasachstan entrüstet, obwohl dieser Beistand den vertraglichen Vereinbarungen entsprach, die im Rahmen der 2002 gebildeten *Organisation des Vertrags über kollektive Sicherheit* (OVKS, russisch: *Organisazija Dogowora o Kollektiwnoi Besopasnosti* – ODKB) verabredet worden waren. Neben Russland und Kasachstan gehören Weißrussland, Armenien, Kirgistan und Tadschikistan dieser Organisation an, die – wie auch die NATO – im Falle einer ausländischen

Aggression gegenseitige Unterstützung sichert. Für Armenien beispielsweise, das älteste christliche Land der Welt, welches geographisch eingeklemmt ist zwischen seinen Erzfeinden Türkei und Aserbaidschan, ist das Bündnis so etwas wie eine Überlebens-Garantie im Bergkarabach-Krieg. Aserbaidschan wird ausgerüstet mit den modernsten Waffensystemen seines Verbündeten und NATO-Mitgliedes Türkei. Die Region Bergkarabach wird größtenteils von ethnischen Armeniern bewohnt, gehört jedoch völkerrechtlich zu Aserbaidschan. Der Zugang (und dessen Blockade) ist immer wieder Ausgangspunkt militärischer Operationen seitens Bakus. Das alles verursacht im Westen wenig Empörung, obwohl Aserbaidschan ein weit autoritäreres Regime darstellt als Kasachstan.

Ich habe viele Staaten in Mittelasien gesehen. Fragte man mich, in welchen Ländern die Menschen am meisten ihre eigene Regierung fürchteten und darum zur Hölle wünschten, rangiert Aserbaidschan ganz vorn. Im Westen sieht man das ganz anders. Wegen der ökonomischen und energiepolitischen Beziehungen zu Aserbaidschan schauen die EU und insbesondere Deutschland nicht nur hier durch die Finger.

Ob Kasachstans Präsident Toqajew klug gehandelt hatte, als er im Januar 2022 den Bündnisfall ausrief, sei dahingestellt. In einer Videokonferenz mit seinem russischen Amtskollegen Wladimir Putin sprach er jedenfalls von einem »versuchten Staatsstreich«. Laut Toqajew hätten »Gruppen bewaffneter Kämpfer« auf den richtigen Moment gewartet und seien nun »in Aktion getreten«. Denn aus dem französischen Exil hatte sich der kasachische Oligarch Muchtar Abljasow zu Wort gemeldet und behauptete, er hätte die Unruhen initiiert. Ferner ließ er in Interviews verbreiten, der Westen solle Kasachstan »Russland entreißen« und Sanktionen gegen die kasachische Regierung verhängen. (Abljasow soll als Vorstandsvorsitzender der kasachischen BTA Bank zwischen 2005 und 2009 acht Milliarden Dollar »veruntreut« haben, und als gegen ihn zu ermitteln begonnen wurde, floh er zunächst nach Großbritannien, dann nach Frankreich. Nach mehrjähriger und wiederholter Haft in Frankreich war er 2020 als »politischer Häftling« anerkannt worden.)

Kasachische Journalisten jedoch waren und sind der Auffassung, dass der Initiator nicht Abljasow, sondern Nasarbajew war. Es habe sich um einen Coup der alten Mächte um den ehemaligen Präsidenten gehandelt, sie hätten die Unruhen im Januar 2022 ausgelöst. Der Verdacht wird dadurch genährt, dass über dieses Thema bis heute der Mantel des Schweigens gebreitet wird. Stattdessen arbeitet Astana lieber an einer Geostrategie, Kasachstan möchte Sprecher der Binnenstaaten werden, also jener Länder, die an keinem Meer liegen. Weltweit gibt es davon 45, und sie gehören zu den am wenigsten entwickelten. Womit die These bestätigt wird, dass der fehlende Zugang zu den Weltmeeren nicht nur den Handel erschwert, sondern auch durch verminderten interkulturellen Austausch die Innovation bremst.

Das Tor zur Außenwelt für Kasachstan war immer Russland. Die Sowjetunion resp. Russland ermöglichte

Selfies im Kongress-Zentrum für die Daheimgebliebenen

den Zugang zu den Weltmeeren und – dank niedriger Handelsschranken – auch den zum Weltmarkt. Russland und Kasachstan sind Mitglieder einer Zollunion und haben eine gemeinsame Grenze von über 7000 Kilometern. Über Pipelines, die im russischen Schwarzmeerhafen Noworussijsk enden, fließen rund 80 Prozent der kasachischen Ölexporte. (Im August 2023 griff erstmals die Ukraine Noworussijsk. »Das Kaspische Pipeline-Konsortium, das in Noworossijsk Erdöl verlädt, teilte mit, der Schiffsverkehr dort sei vorübergehend eingestellt«, meldete die *Tagesschau* am 4. Augus 2023.)

Präsident Toqajew würdigte in seiner Ansprache auch Kasachstans Rolle innerhalb des Seidenstraßen-Projektes und brachte das geopolitische Konzept des »Mittleren Korridors« ins Gespräch, einer Handelsroute von Südostasien über China quer durch Kasachstan. Von dort führte sie übers Kaspische Meer, Aserbaidschan und Georgien nach Westeuropa.

Ähnlich hatte sich schon am Tag zuvor der kasachische Wirtschaftsminister Alibek Kuantrow vor Journalisten geäußert. Auch er pries das Konzept des »Mittleren Korridors« – auch Transkaspische Internationale Transportroute genannt – als strategischen Entwurf, der sowohl die Position Kasachstans festigen werde als auch die Stabilität der Region und der Welt absichern könnte. Denn: Diese Route verbinde Südostasien über See- und Eisenbahnlinien mit Europa – unter Umgehung Russlands.

Alibek Kuantrow hatte natürlich für den »Wirtschaftsstandort« Kasachstan geworben, der für ausländische Investoren immer interessanter würde. In den 32 Jahren seiner Unabhängigkeit habe Kasachstan etwa 410 Milliarden Dollar an Investitionen von ausländischen Unternehmen angezogen und dadurch seine Politik geändert, flankiert von dem Ziel, die ausländischen Direktinvestitionen zu erhöhen.

Dann nannte er Zahlen. Das Bruttoinlandsprodukt (BIP) sei 2022 um 3,3 Prozent, im 1. Quartal 2023 sogar im fünf Prozent gewachsen. Treibende Bereiche seien die Zuwächse bei der Kommunikation, womit er wohl die Digitalisierung meinte (+ 12,2 Prozent), das Bauwesen (+ 9,4 Prozent) und die Landwirtschaft (+9,1 Prozent). Ein Journalistenkollege aus Äthiopien fragte an, ob Kasachstan auch Interesse an Afrika habe, was der Wirtschaftsminister, wenngleich allgemein, aber doch unmissverständlich bejahte. Viele afrikanische Staaten hätten »ähnliche Volkswirtschaften«, »jede Zusammenarbeit ist möglich«.

Allerdings ließ Wirtschaftsminister Alibek Kuantrow keinen Zweifel, wie die Regierung seines Landes zur westlichen Politik in Bezug auf den Ukraine-Krieg steht. Kasachstan werde sich nicht an der westlichen Sanktionspolitik gegenüber Russland beteiligen.

Nach der Rede von Präsident Toqajew gehe ich ins Pressezentrum. Eine serbische Kollegin, mit der ich mich schon einmal über die innenpolitische Lage in ihrer Heimat unterhalten hatte, nickt mir freundlich zu. Die halbe Welt trifft sich hier, doch aus Deutschland sind keine offiziellen oder inoffiziellen Vertreter zugegen, ich bin auch der einzige deutsche Journalist, obschon hier Kolleginnen und Kollegen angereist sind, die von viel weiter entlegenen Gegenden kommen: Südafrika, Indonesien, Kanada, Brasilien … Vermutlich ist man sich im politischen Berlin über die Bedeutung dieser Region und der hier versammelten Staaten nicht im Klaren. Nun, Unwissenheit und Ignoranz sind wahrscheinlich die Schwestern der feministischen und werteorientierten Außenpolitik.

Die Abwesenheit deutscher Kollegen in Astana erinnert mich an eine Bemerkung von Peter Scholl-Latour. Die Globalisierung in der Medienwelt habe zu einer betrüblichen Provinzialisierung geführt, meinte er. Überall auf der Welt sparten die Redaktionen Auslandskorrespondenten ein, deren sachkundige Expertise würden durch unsichere Agenturmeldungen ersetzt, was die Unkenntnis und Desinformation über Weltregionen beim Publikum förderten.

In wenigen Tagen wird Bundespräsident Frank-Walter Steinmeier zum Staatsbesuch in Astana erwartet. Das sollte doch vielleicht ein Grund für mindestens eine deutsche Redaktion sein, eine journalistische Vorhut in Marsch zu setzen und sich ein wenig im Lande umzuschauen. Anders als etwa die Damen und Herren aus der Protokollabteilung, die das immer im Vorfeld machen müssen.

Ich entsinne mich der Rede, die der Ex-Journalist und Ex-Medienreferent in der niedersächsischen Staatskanzlei Frank-Walter Steinmeier anläßlich des 70. Jahrestages der Deutschen Presseagentur gehalten hatte. Das war im Sommer 2019 und Steinmeier seit zwei Jahren Bundespräsident. Er hatte die Auswirkungen der Digitalisierung und der sozialen Medien auf den Journalismus und die Politik beklagt und verlangt: »Nach wie vor gelte, dass Nachrichten immer erst geprüft werden sollten, bevor sie vermeldet würden.«

Da predigte er wohl tauben Ohren. Nicht nur denen der Boulevard-Journalisten. Und fast sentimental hatte er hinzugefügt: »Tatsächlich haben wir besser gearbeitet, geschlafen und übrigens auch regiert, als das Nachrichtengeschäft noch eine Profession war, die das voraussetzte.«

Steinmeier sprach von »Informationsfetzen« und »Nachrichtenkonfetti«, deren Menge niemand mehr bewältigen könne. Wer nur zur Kenntnis nehmen wolle, was ihm alles an tatsächlichen und vorgeblichen Nachrichten über unzählige Kanäle, auf Plattformen und über digitale Netzwerke angeboten werde, sei bereits überfordert. Und wer noch dazu prüfen wolle, ob es sich um eine vertrauenswürdige Quelle und eine wahrheitsgemäße Darstellung handele, »müsste kapitulieren«.

Bevor Algorithmen nicht nur über die Auswahl dessen entschieden, was man als Nachrichten angeboten bekomme, sondern auch deren Analyse und Aufbereitung übernehme, wolle er dazwischenrufen: »Noch ist es der Zauberer, der den Besen bewegt!« Damit spielte Steinmeier auf Goethes Ballade vom Zauberlehrling an. Trotz seines kritischen Blicks gab sich Steinmeier optimistisch, was blieb ihm auch anderes übrig: »Auch wenn wir Entwicklungen nicht aufhalten werden, so können wir sie doch beeinflussen.«

Folgerichtig empfahl der nicht nur den Kolleginnen und Kollegen der *dpa*: »Lassen Sie sich nicht von der Digitalisierung erobern, sondern erobern Sie die digitale Welt.«

Wie riecht es digital auf einem Basar in Astana, wie auf dem Fischmarkt in Negombo? Wie lebt es sich in Ohio oder in Oldesloe? Was kochen Frauen in Chile oder China, wie schmeckt die Suppe, die eine Palästinenserin in einem Flüchtlingscamp in Libanon zubereitet. Nichts kann den subjektiven Eindruck ersetzen, die sechs oder sieben Sinne des Journalisten lassen sich nicht digitalisieren und durch künstliche Intelligenz ersetzen. Sie ist weder neugierig noch hat sie Gefühle, die das Erfahrene und Erlebte filtern …

Verärgert nehme ich bei der Rückkehr ins Pressezentrum zur Kenntnis, dass ein Journalistenkollege (welcher nach eigenen Angaben aus Puerto Rico stammt, aber ein mexikanisch eingefärbtes Spanisch spricht, wie mir ein Kollege aus Veracruz bestätigt), sich neben meinem Sitzplatz breit gemacht hat. Der Mann war uns zuvor dadurch aufgefallen, dass er antiamerikanische und prorussische Positionen vertrat. Er tat dies aber derart provokant, als wollte er den anwesenden Journalisten Stellungnahmen entlocken. Man nennt solche Typen gemeinhin *Agent Provocateur*. Der vermeintliche Puerto Ricaner spricht auch fließend Russisch, was er mit dem Hinweis begründet, er lebe in Kasachstan. Er ist im gleichen Hotel einquartiert wie alle von der schreibenden und sendenden Zunft.

Kaum habe ich Platz genommen, beginnt der mysteriöse Kollege auf mich einzureden. Für welche Seite arbeitet er, denke ich. In wessen Falle wünscht er mich zu locken? Soll ich mich pro Putin äußern, damit er mich im Westen als Putinist denunzieren oder aber für den Kreml gewinnen kann? Soll ich mich als verlässliches Sprachrohr des Westens outen, will er meine vaterländische Gesinnung testen? Was führt die aufdringliche Pfeife im Schilde?

Ich lenke das Gespräch auf die Aktivitäten der US-Geheimdienste in dieser Region und betreibe dabei auch etwas *name dropping*. So lasse ich beiläufig den Namen Robert Baer fallen. Der war für die CIA in Nordirak, Duschanbe, Rabat, Beirut, Khartum, Paris und Neu-Delhi tätig und ließ sich von mir interviewen. Der Name des Autors des Weltbestsellers »Der Niedergang der CIA« scheint dem Kollegen aus Puerto Rico nicht unbekannt. Ich werde von ihm in ein Schubfach gepackt und veranlasse ihn zu plötzlicher Eile. Vielleicht bin ich ihm eine Nummer zu groß?

Ich bin der einzige deutsche Journalist, trotz dieser Konferenz, trotz der rasant gestiegenen Bedeutung Kasachstans für die Bundesrepublik. Nicht grundlos schaut das Staatsoberhaupt vorbei, denn das ist doch die Mission solcher Visiten: Türen zu öffnen für die Wirtschaft. Denn Politik ist doch immer interessengeleitet, sie verfolgt primär ökonomische Ziele. Das hat man augenscheinlich im Auswärtigen Amt in Berlin vergessen, weshalb man eine derart erfolgreiche Außenpolitik macht.

Um die strategische Bedeutung Kasachstans zu ermessen, genügt ein Blick auf die Karte. Das Land, dessen Staatsgebiet sich vom Ostufer des Kaspischen Meeres bis in die Steppen Zentralasiens erstreckt, hat eine 1.500 Kilometer lange Grenze zu China und eine mehr als vier Mal so lange zu Russland. Das könne wie etwa die Ukraine dem russischen Einfluss entzogen werden, wie Außenministerin Annalena Baerbock einst fehlanalysierte?

Gleichwohl wird Kasachstan in Moskau als offene Flanke betrachtet. Die offensichtliche Schwäche der kasachischen Regierung hat Russlands Entscheidung, Truppen zu entsenden, beschleunigt. In Kasachstan traten einst die Horden Dschingis Khans ihren weltweiten Eroberungsfeldzug an, Zarenreich und Sowjetmacht konnten nur mit äußerster Härte die endlosen Steppen unter ihre Kontrolle bringen. Die UdSSR integrierte Kasachstan in den Staatsverband auch durch die bevorzugte Verlagerung von relevanten militärischen und technologischen Einrichtungen. Die Nukleartests von Semipalatinsk – 400 Kilometer von Astana – haben die Wüste verstrahlt. Der Kosmonaut Juri Gagarin trat von dem kasachischen Weltraumbahnhof Baikonur – mehr als tausend Kilometer südwestlich von Astana gelegen – die erste Reise ins Weltall an und kehrte mit der Botschaft zurück, er habe in den Weiten des Weltalls keinen Gott entdecken können, was der damaligen atheistischen Staatsdoktrin entsprach.

Moskaus militärische Präsenz vor Ort war natürlich auch der bedrohlichen Nähe der Volksrepublik Chinas geschuldet, mit der sich die Sowjetunion in den 1960er Jahren am Rande eines Krieges befand, als die beiden kommunistischen Giganten sich einen blutigen Grenzkrieg am Ussuri lieferten. In Peking blickt man ebenfalls mit einem wachen Auge auf Kasachstan, schon aufgrund der ethnischen Verwandtschaft von Kasachen und Uiguren, den muslimischen Turkvölkern mit separatistischen Ambitionen.

Dieses Faktum ist auch für Moskau relevant, Separatisten entwickeln zentrifugale Kräfte und stellen immer eine Gefahr für Großreiche dar. Wenige Kilometer von der Grenze zu Kasachstan liegt die Autonome Republik Tatarstan, deren Bewohner zur turksprachigen Völkerfamilie gehören. Im Falle massiver Unabhängigkeitsbestrebungen der turksprachigen Ethnien in Russland könnte hier also ein Problem entstehen, was man vor seinem Entstehen verhindern muss.

Picknick in Freien: kulturvoll und gesittet

Am Abend bummle ich in der Nähe meines Hotels. Die Hitze der vergangenen Tage hat etwas nachgelassen, aus der kasachischen Steppe weht eine milde Brise in die Stadt. In einem Park entdecke ich unzählige Menschen, die dort picknicken. Im Vergleich zu ähnlichen Szenen in den Grünanlagen Berlins wirkt das alles sehr gesittet, gerade zu reizvoll. Die Menschen sind stil- und fantasievoll gekleidet, ihre Decken und Tische kunstvoll arrangiert. Sie genießen die abendliche Stimmung und vielleicht auch jene Zukunftsgewissheit, die man in Asien häufig antrifft und die im Westen allgemein zu einem Randphänomen geschrumpft ist.

Vor einem Geschäft, welches als russisches *Magasin* hergerichtet ist, treffe ich Igor und Natalia aus dem sibirischen Nowosibirsk, beide sind Mitte 20. Sie haben Russland vor Monaten verlassen. Igor fürchtete, einberufen und in den Krieg in der Ukraine geschickt zu werden. Deshalb haben sie ihre Heimat verlassen. Sie hätten zwar auch überlegt, in ein EU-Land zu gehen, doch dort seien Russen wegen dieses Krieges, den er ebenso ablehnt wie alle Westeuropäer auch, nicht willkommen. Er habe von der dort herrschenden Russophobie gehört.

»Kriegsdienstverweigerer aus Russland werden dort nicht als solche akzeptiert«, wirft Natalia ein.

»In Kasachstan ist das Lebensniveau höher«, sagt Igor. »Deshalb werde ich mich hier auch einer unumgänglichen Augen-OP unterziehen.«

Wie seine Lebensgefährtin arbeitet Igor in der IT-Branche. Die beiden sind also nicht an einen festen Arbeitsplatz gebunden.

Ich vereinbare mit den sympathischen Russen ein Treffen am nächsten Tag. Es ist ein Freitag. Dann will der US-amerikanische Star-Ökonom Nouriel Roubini sein neues Buch über Kasachstan vorstellen. Roubini gehörte zu den wenigen Wirtschaftwissenschaftlern von Weltrang, der die Finanzkrise von 2008 angekündigte hatte. Das Buch, das er vorstellen wird, heißt *The New Kazakhstan: Steering the Steppe Amid a Global Storm*, was soviel heißt wie »Das neue Kasachstan: die Steppe inmitten eines globalen Sturms beherrschen«.

»Steppe« ist in Deutschland negativ konnotiert, es beschreibt Öde, nichts los, abgelegen und vergessen. In Kasachstan ist der Begriff positiv besetzt.

Das macht nicht nur den sprachlichen Unterschied.

Im Sommer 1991 reiste ich mit anderen Abiturienten gen Osten. In Hannover bestiegen wir den Paris-Moskau-Express. Zwei Wochen lebten wir bei Familien im zentralrussischen Orjol. Wir besuchten anschließend Moskau und St. Petersburg. Diese Reise nach Russland, während der Auflösung der Sowjetunion, war ein einmaliges Erlebnis. In jenen Wochenschienen die *Windows of Opportunities* weit geöffnet. Wir schauten fasziniert in die endlosen Weiten des eurasischen Raumes und von dort aus ebenso erwartungsvoll betrachtet. Die Neugier auf alles Russische war im Westen enorm, umgekehrt war es genauso. Das ist erst drei Jahrzehnte zurück. Angesichts der heutigen Situation scheint die Entfernung nach Jahrhunderten zu zählen.

Verärgert denke ich an einen arroganten litauischen Kollegen, der mir heute erklärt hatte, dass Russen »Orks« seien, also jene nichtmenschlichen Wesen von Mittelerde aus dem »Herr der Ringe«. Man habe jahrzehntelang diese »Orks« an westlichen Lebensstil und Technologie zu gewöhnen versucht – alles vergebens. Er plädiere darum für einen neuen »Eisernen Vorhang« rings um Russland.

Im Hotel erhalte ich eine SMS von Igor. Er bittet um Verständnis, wenn er unser Treffen absagen muss, auch darum, ihre beider Namen und das Foto nicht zu publizieren. Sie fürchten Repressalien.

In der Hotelbar treffe ich eine italienische Kollegin, die auf Zentralasien spezialisiert ist. Die junge attraktive und hochgebildete Römerin, Tochter einer deutschen Dolmetscherin und eines italienischen Historikers, zuckt jedesmal zusammen, wenn ich den Namen der italienischen Ministerpräsidentin erwähne. »Bitte erwähne diesen Namen nicht«, sagt sie. Okay, reden wir also nicht über Giorgia Meloni, der transatlantischen Postfaschistin.

Claudia doziert bei einem Campari Orange, dass Kasachstan im Zentrum der Zentralasien-Strategie der USA schon aufgrund seiner riesigen Öl- und Gasressourcen stehe. »Der Handel zwischen den USA und Kasachstan macht 86 Prozent des gesamten amerikanischen Handels mit dieser Region aus – 3,8 Milliarden Dollar. Zum Vergleich: Der Anteil Usbekistans beträgt nur sieben Prozent.«

Am nächsten Morgen treffe ich die kasachische Ministerin für Ökologie und natürliche Ressourcen. Zulfiya Suleimenova ist das jüngste Regierungsmitglied. Das Interview, welches ich für die *Berliner Zeitung* führe, kreist um die Energieversorgung Deutschlands.

Seit Anfang des Jahres wird die Raffinerie in Schwedt mit Öl aus Kasachstan versorgt. Wie sicher ist diese Versorgung des PCK, welches auch die deutsche Hauptstadt Berlin und das Umland zu 95 Prozent mit Benzin, Heizöl sowie Kerosin versorgt?

Ich kann Sie und Ihre Leser in Deutschland diesbezüglich beruhigen, Kasachstan wird dieses Jahr etwa 1,5 Millionen Tonnen Öl nach Schwedt liefern, von wo aus, Sie hatten es gerade erwähnt, Berlin, der dortige Flughafen, aber auch Teile Westpolens mit Treibstoff versorgt werden. Wir halten uns an die gültigen Verträge.

Wo Sie gerade Polen erwähnt haben, dort wurde der Vorwurf erhoben, das Öl aus Kasachstan sei mit russischem Öl durchmischt.

Dazu kann ich mich nicht äußern. Ich empfehle aber nur einen Blick auf die Landkarte. Dann wird schnell klar, dass Kasachstan mit Polen und Deutschland keine gemeinsame Grenze besitzt, sodass unser Öl auf dem Weg in die EU zwangsläufig über das Staatsgebiet der Russischen Föderation verläuft, über mehrere Tausend Kilometer hinweg. Unser Öl hat den Vorteil, dass seine Beschaffenheit dem bisher aus Russland gelieferten Öl sehr ähnlich ist und in der Raffinerie Schwedt einfacher weiterverarbeitet werden kann. Was man also unter der Formulierung »mit russischem Öl durchmischt« zu verstehen hat, kann ich mir wirklich nicht denken.

Im Vergleich zu den russischen Lieferungen wird durch Kasachstan aber bisher nur ein Bruchteil des Bedarfs an Öl gedeckt. Denken Sie, dass Kasachstan die durch das EU-Ölembargo wegfallenden russischen Mengen wird kompensieren können?

Die aktuelle Menge wird dafür noch nicht ausreichen, dafür floss zu viel russisches Öl in die EU. Aber Kasachstan ist ja nicht neu als Anbieter seiner natürlichen Ressourcen auf dem EU-Markt. So waren im vergangenen Jahr die Niederlande und Italien beispielsweise schon die Hauptabnehmer unseres Öls. Wir stehen also gerne unseren Partnern in der EU weiter zur Verfügung.

Sie sind die jüngste Ministerin im neuen Kabinett, erst 32 Jahre jung. Was haben Sie sich persönlich vorgenommen, den Umweltschutz in Kasachstan zu verbessern?

Ich möchte gerne während meiner Amtszeit daran arbeiten, dass Kasachstan bis 2060 klimaneutral werden kann.

Wie möchten denn Sie dieses Ziel erreichen?

Durch den massiven Ausbau erneuerbarer Energien.

Nachdem ich mich von der Ministerin verabschiedet habe, beschäftigt mich Schwedt noch immer. Im vergangenem Jahr war ich in der Stadt an der Oder und berichtete dort für das *neue deutschland*. Ich schrieb damals: »Mohnblumen, die sich durch Rapsfelder brechen. Immer weiter Richtung Nordost. Sanfte Hügel, kleine Dörfer, die Zeit scheint stehengeblieben. Von Berlin nach Schwedt geht die Fahrt quer durch die Uckermark, eine dünn besiedelte Region. Noch bevor Schwedt sichtbar wird, ragt die Skyline der PCK-Raffinerie in den Himmel, jenes Erdölverarbeitungswerk, das die Stadt prägt und am Leben hält.

Die Stadt Schwedt ist ein Mythos und eine Projektionsfläche zugleich. ›Chemie gibt Brot, Wohlstand und Schönheit‹, lautete die Parole, mit der die DDR 1958 ihren permanenten Zustand der Rohstoffarmut überwinden wollte. Aber der Aufbau eines eigenen Chemiesektors war nicht leicht. Neben der Massenflucht von Facharbeitern in den Westen fehlte vor allem der Zugang zu Erdöl, dem wichtigsten Grundstoff etwa bei der

Kunststoffverarbeitung. Deshalb vereinbarten die Sowjetunion, Polen, Ungarn, die Tschechoslowakei und die DDR den Bau eines über 5000 Kilometer langen Pipelinenetzes, durch das Öl vom südlichen Ural aus in die sozialistischen Bruderländer gepumpt werden sollte.

In Schwedt endet die Drushba-Trasse. Von dort werden vor allem große Teile Ostdeutschlands mit Ölprodukten versorgt. Heute gehört die Raffinerie dem russischen Konzern Rosneft und ist der wichtigste Lieferant für Mineralölerzeugnisse im Raum Berlin-Brandenburg. Rund 1.200 Menschen arbeiten in der PCK-Raffinerie, hinzu kommen mehrere Hundert Arbeitsplätze bei Zulieferern – die jetzt akut bedroht sind.

Rund ein Monat ist vergangen, seit Wirtschaftsminister Robert Habeck die Stadt und die Raffinerie besuchte. Das war kurz nachdem sich EU-Kommissionspräsidentin Ursula von der Leyen für einen Boykott von russischem Öl ausgesprochen hatte. Habeck äußerte sich in Schwedt vor der Belegschaft vorsichtiger: ›Ich will Sie nicht vergackeiern und Ihnen auch nicht irgendwie den Himmel rosarot malen‹, sagte der Grünen-Politiker. Der Anteil von russischem Öl am deutschen Verbrauch ist seit Beginn des Ukraine-Kriegs von 35 auf zwölf Prozent gesunken. Diese zwölf Prozent werden fast ausschließlich in der Raffinerie in Schwedt verarbeitet.

Trotz dieser düsteren Aussichten für den Raffinerie-Standort wirkt Schwedts Bürgermeisterin Annekathrin Hoppe weder resigniert noch in Aufruhr oder ängstlich. Seit Ende 2021 ist die 60-Jährige im Amt, zunächst als

Parteilose. Kurze Zeit später trat sie der SPD bei und setzte damit die sozialdemokratische Tradition der Amtsinhaber seit 1990 fort. Die Stimmung in der Stadt habe sich seit den letzten vier Wochen deutlich verschlechtert, erzählt sie. Man wäre anders mit der Stadt umgegangen, wenn der Industriestandort im alten Bundesgebiet läge, ist sich die Bürgermeisterin sicher.

Immerhin wähnt sie die Brandenburger Landesregierung an ihrer Seite. Die habe sich für den Erhalt der Raffinerie ausgesprochen. In einem Brief an Habeck fordern die Potsdamer Finanzministerin Katrin Lange und Wirtschaftsminister Jörg Steinbach, den wirtschaftlichen Weiterbetrieb sicherzustellen. ›Die Zukunft der Raffinerie muss gesichert werden, alle Arbeitsplätze müssen zu 100 Prozent erhalten bleiben‹, hieß es in dem Brief der sozialdemokratischen Minister. ›Ein Rückzug vom Markt, wie auch immer verursacht, würde zu mehr als 2.000 Arbeitslosen und einer gesellschaftlichen Destabilisierung der Region führen.‹

Annekathrin Hoppe fürchtet, dass vor allem die AfD von einem solchen Szenario profitieren könnte. Bei der letzten Kommunalwahl erhielt die rechtsradikale Partei bereits die zweitmeisten Stimmen. ›Momentan sind wir darauf bedacht, die Stadt in den Medien präsent zu halten‹, betont Hoppe. So will man auf die Folgen einer Schließung der Raffinerie aufmerksam machen.

Noch Ende Mai zeigte sich die Bürgermeisterin optimistisch. ›Solange wir das russische Öl verarbeiten dürfen, ändert sich nichts‹, sagte Hoppe im Gespräch mit dem *Bayerischen Rundfunk*. Inzwischen hat sich die Ausgangslage jedoch grundlegend geändert, denn es gibt Vorwürfe, die Raffinerie sei schuld an der Preisentwicklung. Auch die Stadt steht in der Kritik, sie habe den nötigen Strukturwandel verschlafen, heißt es. Bürgermeisterin Hoppe lässt sich davon nicht beeindrucken. ›Wir tun, was wir können‹, erklärt sie.

Im Stadtzentrum von Schwedt, eine architektonische Kombination von renovierten Plattenbauten und restaurierten Straßenzügen, ist nicht viel los. Plakate von der AfD und der Linkspartei hängen an den Laternen und rufen zur Rettung der Raffinerie auf. Die gesamte wirtschaftliche Dynamik der Provinzstadt scheint sich im Oder-Center zu ballen, einem großen Einkaufszentrum. Dennoch hat Schwedt ein lebendiges Kulturleben, das sich seit dem Wendeherbst 1989 erhalten hat. Zu DDR-Zeiten zogen Menschen aus allen Teilen der Republik in die aufstrebende Stadt. Ebenso wie in Leuna, Hoyerswerda oder Eisenhüttenstadt prägte ein Kombinat die Wirtschaft, um die herum sich das städtische Leben entwickelte. 1989 überstieg die Einwohnerzahl in Schwedt die Grenze von 50.000.

Das Ende der DDR sorgte jedoch für eine ökonomische Talfahrt, was zu politischen Verwerfungen führte. Zu Beginn der 90er Jahre galt die Stadt als Hochburg des Rechtsextremismus. ›Die Stadt gehört uns!‹ lautete der Titel einer TV-Dokumentation von 1993 über die brutale Neonazi-Szene in Schwedt. Rechte Schläger demonstrierten darin ihre Macht.

›Ja, ich fürchte, dass solche Zeiten zurückkehren können‹, meint Diana B., eine technische Zeichnerin, die in Schwedt aufgewachsen ist und mit ihrer Tochter an einem Eiswagen steht. Sie kehrte nach dem Abitur der Stadt den Rücken, absolvierte in Berlin eine Ausbildung und kehrte vor drei Jahren mit ihrem Mann – einem gebürtigen Hessen – an die Oder zurück. ›Wenn es Habeck und Co. schaffen, dass in der Raffinerie die Lichter ausgehen, dann versetzen sie der Stadt den Todesstoß‹, meint die Enddreißigerin, während sie ihrer Tochter den eisverschmierten Mund abwischt. ›Eines kann ich ihnen sagen, ich würde heute jede Partei wählen, aber nicht mehr die Grünen.‹

Die Eisverkäuferin, die gerade eine neue Kollegin aus der Ukraine einweist, wischt sich die Hände an der Schürze ab und stimmt in die Klage ein. ›Wir alle dachten, wir sind über dem Berg. In den letzten Jahren ging es schließlich aufwärts. Und nun das!‹

Überall in der Stadt hängen Veranstaltungshinweise für einen ›Rückkehrer-Tag‹ am kommenden Freitag, mit dem die Stadt ehemalige Einwohner in die Heimat locken will. Derzeit leben in Schwedt nämlich nur noch knapp 30.000 Menschen.

Lars, 51, ist schon vor Jahrzehnten wieder zurückgekehrt. Zusammen mit seiner Hündin Leila sitzt er auf einer Bank am Kanal, einem Teilstück der Havel-Oder-Wasserstraße mit direkter Verbindung zur Ostsee. Er trägt ein T-Shirt der Band *Freiwild*. 1989 ging der Schlosser, der in der Raffinerie eine Ausbildung absolviert hatte, über Prag in die Bundesrepublik. 1991 kehrte er nach Schwedt zurück. ›Die Wessis sind doch irgendwie blöde. Ich war unten in Bayern, sollte dann sonntags zum Gottesdienst. Scheibenkleister, da habe ich dann wieder rüber in den Osten gemacht‹, erklärt er lachend, während er sich eine Zigarette dreht.

Schwedt ohne die Raffinerie kann er sich kaum vorstellen, auch wenn er heute dort nicht mehr arbeitet. ›Natürlich werden wir hier vergackeiert von Habeck und Co. Den Grünen ist doch Schwedt und die Raffinerie ganz egal. Die werden hier eh kaum gewählt, also können die alles platt machen. Wenn du mich fragst, machen die so lange weiter, bis es knallt. Deshalb wähle ich auch die AfD‹, sagt er. ›Aber nur aus Protest.‹

Nur wenige Gehminuten entfernt, in der Berliner Allee, offenbart sich eine ganz andere Welt. Leokadia Hateville führt durch die *Grüne Villa*. Sie ist Mitglied der *Schwedter Kunstbanausen*, eines Künstlertrios, zu dem auch Stefan Lange und André Sonnefeld gehören.

Vor allem mit Graffiti machte sich das Trio in der Region einen Namen. Die Räume der Villa wurden im Jugendstil hergerichtet – in Eigenregie und selbst finanziert, betonen Hateville und Lange. Es gab nämlich Gerüchte, wonach das Trio öffentliche Gelder für die Sanierung erhalten habe. Die 1928 erbaute Villa war in einem baufälligen Zustand und sollte abgerissen werden. Aber dann bot die Stadt den Künstlern das Haus zum Kauf an, verbunden mit der Auflage, dass es öffentlich zugänglich bleibe. In der oberen Etage und im Dachgeschoss, wo einmal die Kreisdienststelle der Staatssicherheit ihren Sitz hatte, befinden sich Wohnungen. Die untere Etage wurde zur Galerie und Kleinkunstbühne.

›Rosneft ist ein großer Sponsor der hiesigen Kunstszene‹, erklärt Lange, der 1981 in Schwedt geboren wurde. ›Wenn es mit der Raffinerie abwärts geht, leiden auch Kunst- und Kultur.‹ Hateville und Lange hängen an Schwedt, das merkt man ihnen an, wenn sie von ihrer Kindheit in inzwischen längst abgerissenen Plattenbauten erzählen und von Freunden, die schon vor langer Zeit weggezogen sind, sowie dem Terror rechter Jugendbanden. ›Manche sind jetzt superlinks‹, sagt Hateville. ›Andere sind aufs Land gezogen und betreiben völkische Landwirtschaft.‹

›Aber viele wurden wieder normal‹, ergänzt Lange schmunzelnd.

Die geplante Eröffnung der *Grünen Villa* im Sommer 2021 musste wegen der Corona-Pandemie verschoben werden. Und jetzt macht den Kunstschaffenden die Krise um die Raffinerie zu schaffen. Beide fürchten den Tag, an dem sie stillgelegt wird. ›Irgendwie fühle ich mich schon jetzt wieder stigmatisiert‹, sagt Hateville, während sie über eine Grünfläche läuft, auf der einst zehnstöckige Plattenbauten standen. ›Manchmal schreiben mir Leute, ob ich da wohnen würde, wo das Russen-Öl ankommt oder ähnliches.‹«

Am nächsten Morgen in Astana werde ich im Außenministerium von einem Ehepaar angesprochen, welches in demonstrativ ländlicher Aufmachung erschienen ist. Die Frau, die trotz ihres provinziellen Erscheinungsbildes fließend Englisch spricht, während ihr Ehemann das Gespräch mit russischen Wortfetzen anreichert, beschwert sich darüber, dass Kasachstan sich immer noch nicht als *Opfer des Kolonialismus* definiert.

Das Ehepaar, offenbar auf dieses Themengebiet spezialisiert, verweist darauf, dass schon unter dem Zaren die nomadische Selbstverwaltung Kasachstans aufgelöst wurde und damit die Stammesstrukturen der Goldenen Horde. Strafexpeditionen nahmen damals die Formen von Völkermord an, besonders als mit Beginn des Ersten Weltkrieges die Zwangsrekrutierung junger Kasachen begann.

Kurz bevor mir die Dame lästig wird, reicht sie mir ein Pamphlet, aus dem hervorgeht, dass ihrer Meinung nach das »Nationale Erwachen Kasachstans« jetzt begonnen habe.

Ägypten, Februar 2023

Auf dem Tahrir-Platz

Megacity am Nil. Ich lasse mich durch die Stadt treiben, durch überfüllte Plätze und Gassen, durch menschenwimmelnde Straßen. Die Bevölkerung der Megalopolis Kairo ist auf überzwanzig Millionen Menschen angewachsen, soviel ist sicher. Die genauen Zahlen kennt niemand. Von der Masse geht keinerlei Fremdenfeindlichkeit aus, höchstens neugierige Blicke. Wieder einmal verspüre ich dieses Gefühl der Dynamik, der demographischen Dynamik, wenn ich in den schnell wachsenden Metropolen Afrikas, Asiens oder Lateinamerikas unterwegs bin und mir Europa wie ein Altenheim unter freiem Himmel vorkommt.

Mein Begleiter, ein breitschultriger Mann im Anzug, 38 Jahre jung, ist Mitarbeiter des Ministeriums für Tourismus, der reisenden Journalisten im Auftrag der Regierung Hilfe gewährt, wahrscheinlich auch deren Aktivitäten beobachtet. Der Mann ist angenehm, hat Humor, präsentierte mir stolz seine Pistole, Marke Heckler und Koch, als wir uns begrüßten. Doch jetzt wirkt der Sicherheitsbeamte unruhig. Liegt es am Einbruch der Dunkelheit? Befinden wir uns in einer gefährlichen Gegend?

Ich schaue mich um, ohne zu wissen, wo ich bin. Der Putz bröckelt von den Wänden der Häuser, was in

Kairo nichts ungewöhnliches ist. Mehrmals weist mich der Sicherheitsbeamte darauf hin, dass er bald Feierabend habe, was ich als Hinweis darauf interpretiere, mich nun langsam in mein Hotel zurückzuziehen. Das Quartier ist eines jener Luxus-Paläste am Nil, welche etwas in die Jahre gekommen sind und von unzähligen saudischen und anderen Touristen aus den Golf-Emiraten aufgesucht werden, die am Nil nach Zerstreuung und sündigen Vergnügungen suchen, die in der puritanisch-wahhabitischen Enge ihrer Heimat nur unter größter Geheimhaltung zu genießen sind.

Mein Gefühl täuscht mich nicht. Der Sicherheitsbeamte hält mir sein Smartphones vor das Gesicht. Dort lese ich auf Deutsch: »Ich habe jetzt Feierabend. Wenn Du mir noch Trinkgeld geben möchtest, dann jetzt!«

Da ist es wieder, dieses Phänomen, welches mir auf meiner Ägypten-Reise immer wieder begegnen wird: die Anfälligkeit von Mitarbeitern staatlicher Institutionen für finanzielle Zuwendungen, Bestechlichkeit, ja Korruption.

Wie groß ist die Sicherheit von Besuchern, wenn Sicherheitskräfte bestechlich sind?

Während wir uns durch die Menge in Richtung unseres Fahrzeugs schieben, fingere ich in meinem Portemonnaie nach einem Schein. Der Sicherheitsbeamte lässt mich nicht aus den Augen, hakt mich sogar ein, was in Ägypten ein Zeichen der Freundschaft unter Männern darstellt. Nachdem wir unseren Wagen erreicht haben, drücke ich meinem Bgeleiter zehn Euro in die Hand. Der Mann lächelt mich an.

Im Hotel springe ich unter die Dusche. Danach fahre ich per Taxi und ohne Begleiter zum Tahrir-Platz. Ich suche mir ein Plätzchen in einem kleinen Café am Rande jenes Platzes, wo 2011 die revolutionären Umwälzungen begannen, die als »Arabellion« die politische Landschaft des Nahen Ostens und Nordafrikas nachhaltig veränderten. Kaum zum Besseren. Despoten wurden gestürzt, aber danach regierten Chaos und Bürgerkrieg. Und neue Despoten übernahmen das Zepter.

Ägypten, wie Afrika überhaupt, ist längst zum Schicksal Europas geworden und umgekehrt. Welche Trugbilder wurden der transatlantischen Öffentlichkeit im Allgemeinen und der Europas im Speziellen damals suggeriert? Die bevormundeten Menschenmassen befreiten sich von ihren archaischen Fesseln, erkämpften sich demokratische Freiheiten und die Menschenrechte, wie wir sie im Westen seit Langem genossen.

Im Vergleich mit der heutigen Berichterstattung vom Krieg in der Ukraine erscheint die mediale Berichterstattung damals noch geradezu unschuldig.

Der französische Journalist Bernard-Henri Lévy reiste im März 2011 nach Libyen und bekundete den Protestlern seine Bereitschaft, einen Krieg zu fördern, dessen Ziel es sei, Gaddafi zu stürzen. Dann kommunizierte er in dieser Angelegenheit mit Präsident Sarkozy. 2012 forderte Lévy eine Intervention des Westens in Syrien, 2013 unterstützte er den Euromaidan in Kiew, mit dem der Sturz von Präsident Janukowitsch 2014 vorbereitet wurde. In dessen Folge besetzt Russland die Krim … Journalisten machen Kriege. Scheint es.

Nach zehn Jahren Bürgerkrieg in Libyen ist das Land – fast fünf mal so groß wie Deutschland, aber mit dem zwölften Teil seiner Einwohner – trotz riesiger Erdölvorkommen ein »failed state«.

Libyens Nachbar Ägypten zählt über 110 Millionen Menschen, der Ballungsraum Kairo ist eines der bevölkerungsreichsten Stadtregionen der Welt. Nicht nur wegen des Suezkanals ist das Land von großer geopolitischer Bedeutung für Europa, aber das scheint sich bis Brüssel und Berlin noch nicht herumgesprochen zu haben. Man verharrt dort in transatlantischer Borniertheit.

Der Spanier Josep Borell, der EU-Chefdiplomat, ist ohne Zweifel ein Mann von gestern. Er betrachtet Europa als Garten, den Rest der Welt als Dschungel, und ist sich der Begrenztheit der Macht der Europäischen Union noch immer nicht bewusst. Das Zeitalter, in dem Europa mit seiner ökonomischen Potenz der übrigen Welt Befehle erteilen konnte, ist lange vorbei.

Anfang 2023 veröffentlichte das *European Council on Foreign Relations* (ECFR) eine Studie, in der für ein »neues Narrativ« der globalen Ausgangslage plädiert wird. Nun kann man dem ECFR nicht unterstellen, eine Dependance der Moskauer Propagandazentrale zu sein, das Gegenteil ist der Fall. Doch scheinen zumindest die Thinktanks in den Metropolen des transatlantischen Westens die Notwendigkeit erkannt zu haben, rund ein Jahr nach dem Ausbruch des Krieges in der Ukraine die globalen Realitäten zu reflektieren und nicht irgendwelche Wunschträume in westlichen Wolkenkuckucksheimen und Elfenbeintürmen.

»Das Paradoxe am Krieg in der Ukraine ist, dass der Westen zugleich geeinter und weniger einflussreich in der Welt ist als je zuvor«, kommentiert Mark Leonard, Koautor und ECFR-Direktor, die Ergebnisse des Berichts mit dem Titel »Der Westen vereint, von der restlichen Welt getrennt: Die internationale Meinung nach einem Jahr Krieg in der Ukraine«.

Ein schnelles Kriegsende – unabhängig von den Konsequenzen – wünschen sich viele Menschen in China, Indien, Russland und der Türkei. In Indien befürwortet mehr als die Hälfte der Befragten eine umgehende Beendigung der Gefechte, in der Türkei sind es knapp die Hälfte, 44 Prozent sind es in Russland, 42 in China.

Erstaunlich ist auch das negative Image, das dem Westen in jenen Staaten inzwischen anhaftet. Der westlichen Demokratie wird ein schlechtes Zeugnis ausgestellt. Eine »echte Demokratie« werde nach Ansicht der Befragten in China und Indien am ehesten im eigenen Heimatland gelebt. Gerade in Ostasien, in den geopolitischen Instituten von Peking, Hanoi, Vientiane und Phnom Penh wird die EU kaum noch als eigenständiger weltpolitischer Akteur wahrgenommen, sondern als verlängerter Arm der Interessen Washingtons. Dort zitiert man häufig den französischen Philosophen Paul Valéry, der schon zu Beginn des 20. Jahrhunderts die Feststellung traf, dass Europa nur ein Kap Asiens sei.

Während ich einen Tee am Kairorer Tahrir-Platz bestelle, erinnere ich mich an meinen Besuch vor vielen Jahren am Nil. Auf eben diesem Platz lauschte ich den

Geschichtenerzählern, Flötenspielern und Magiern. Bis zum Anbruch der Morgendämmerung blieb ich wach und beobachtete von der Dachterrasse des Hotels, wie die Lichter der Stadt erloschen und die Sonne aufging.

Beim Bummel durch die afroarabischen Megalopolis kam ich mir mit meinen damals 27 Jahren schon uralt vor. Das Durchschnittsalter der Passanten schien bei vielleicht vierzehn, fünfzehn Jahren zu liegen.

Dieser Überschuss an Jugend ohne Perspektive erhob sich im Januar 2011. Zwölf Jahre waren seither vergangen.

Während ich ein Stück Zucker in mein Teeglas werfe, fällt mir eine Begegnung mit dem ägyptischen Botschafter in Berlin vor etwa zwanzig Jahren ein. Exzellenz hatte zu einem Pressegespräch geladen. Man reichte uns Broschüren mit der Aufschrift »Mubarak – ein Engel als Präsident«. Der Botschafter lächelte dabei hintersinnig … Nach dreißig Jahren im Amte wurde der »Engel« am 11. Februar 2011 aus dem Präsidentenpalast vertrieben und später zu einer lebenslangen Haftstrafe verurteilt.

Der Herr am Nebentisch, ein intelligent wirkender Mann, erkundigt sich nach meiner Herkunft. »Germany«, antwortet er selbst, wobei auch bei ihm – wie bei vielen Menschen in Ägypten und an anderen Orten der arabischen Welt – die Augen aufleuchten. »Ich war einmal verliebt in Deutschland. Nicht in eine Deutsche, sondern in das Land«, sagt er.

Als er meinen erstaunten Gesichtsausdruck sieht, erklärt er: »Meine Eltern haben ihre fünf Kinder zur

Liebe zu Europa erzogen. Mein Vater sprach fünf europäische Sprachen, ich selbst beherrsche vier. Ich denke, ich bin europäischer als viele Europäer, die sich nur noch in einem amerikanisierten Business-Englisch miteinander unterhalten können und sich selbst durch eine Art US-Brille betrachten. Europa hat sich willfährig dem Hegemon Washington untergeordnet und sich dabei aus dem Rennen gekickt. Hier in Ägypten ist die Strahlkraft Europas verblasst, glauben Sie mir.«

Jetzt ist es an mir zu fragen. Der Mann ist Augenarzt in einer Privatklinik und 56. Er hat zwanzig Jahre in Rom gelebt und kehrte 2011 nach Ägypten zurück.

»Mir ist es heute kaum möglich, eine politische Meinung in der Öffentlichkeit zu formulieren. Als ich während der Revolution zurückgehrt bin, war ich voller Hoffnung. Später begriff ich: In Revolutionen siegen immer diejenigen, die später kommen. Menschen aus den hinteren Reihen oder solche, die im tiefen Dickicht der Provinz überdauert haben. Die Revolution frisst nämlich alle, die direkt an oder auf der Barrikade standen, egal auf welcher Seite. Diese Barrikade trennt und verbindet zugleich.«

Mein Gesprächspartner zündet sich eine Zigarette an. »Unser Feldmarschall im Präsidentenpalast ist keineswegs ein Demokrat. Er putschte sich 2013 an die Macht. Er regiert autoritär und repressiv, man kann ihn ruhig einen Diktator nennen.« Er schaut sich um, als fürchte er, dass dies jemand mitgehört habe. »Wir leben in einer Militärdiktatur. Mit Kritik an Abd al-Fattah as-Sisi hält sich der Westen, vorsichtig formuliert, sehr zurück. Aber selbst wenn sich Europa echauffieren würde – das störte ihn nicht. Es gibt ja noch die BRICS. Brasilien, Russland, Indien, China und Südafrika werden wohl beschließen, Ägypten 2024 als vollwertiges Mitglied aufzunehmen.«

Der Mann drückt seine Zigarette aus und erhebt sich. Zum Abschied drückt er mir seine Karte in die Hand. Ich bleibe mit meinen Fragen zurück, die er provoziert hat. Nur eines steht mir klar vor Augen: Für Menschen wie diesen ägyptischen Augenarzt ist Europa, ist »der Westen« gestorben. Ihre Hoffnungen, die sie einst in diese Staaten setzten, haben sie aufgegeben.

Europa und Asien, Dezember 2018 bis Oktober 2022

Vom Nordirak nach Niedersachsen

Das Flüchtlingslager im Irak war so groß wie eine kleine Stadt, und die meisten ihrer Bewohner kamen aus der Region Sindschar, dem traditionellen Siedlungsgebiet der Jesiden. Sindschar selbst und der gleichnamige Gebirgszug waren 2014 von den sogenannten Gotteskriegern des *Islamischen Staates* (IS) heimgesucht worden.

Im Dezember 2018 lebten viele der Geflüchteten bereits seit Jahren in der Zeltstadt und hatten aus dem Asyl ein Provisorium gemacht. Die Zelte wirkten wie kleine Häuschen, Geschäfte reihten sich an der Hauptstraße – vom Schuster bis zum Friseur war alles dabei. Die Ankunft von Fremden auf der Durchreise sorgte für Aufsehen. Zahlreiche Menschen, darunter viele Jugendliche, empfingen Besucher freundlich, luden zum Tee und zelebrierten die jesidische Gastfreundschaft.

So lernte ich Nouri kennen. Nachdem ich aus dem Auto gestiegen war, sprach er mich an und eine Einladung aus. Auf Deutsch. Seine Aufgeschlossenheit, die er mit anderen Lagerbewohnern teilte, stand im starken Kontrast zu dem düsteren Schicksal dieser Menschen und den Bedingungen, unter denen sie leben mussten. Ich hatte aber eine Verabredung mit jungen Frauen, die vom IS als Sklavinnen gefangengehalten worden waren, und konnte darum auf Nouris Angebot nicht eingehen. Nouri hatte, wie er erzählte, geraume Zeit nach 2015 in Deutschland als Flüchtling gelebt. Weil aber seine Frau nicht aus dem Irak hatte ausreisen können, war er zurückgekehrt, um ihre Ausreise zu forcieren. Über Facebook blieben wir in Kontakt.

Die jungen Frauen warteten schon vor einem großen Zelt. Gemeinsam mit ihrer Mutter und einem kleinen Bruder lebten sie dort auf dreiundzwanzig Quadratmetern. Gemeinsam hieß: ohne jede Privatsphäre. Das Zelt war mit mehreren Teppichen ausgelegt, ein Heizkörper verströmte Wärme. Es herrschte peinliche Sauberkeit. Die Mutter begrüßte uns, reichte Tee und Gebäck. Nach der Vorstellung berichteten die Schwestern von ihrem Martyrium.

Das Schicksal dieser Familie steht exemplarisch für das Leiden ihrer Religionsgemeinschaft. Die Mädchen wurden drei Jahre vom IS gefangen gehalten, drei weitere Schwestern befanden sich zu diesem Zeitpunkt noch in den Händen der Terrormiliz. Die Jüngste berichtete, wie IS-Kämpfer 2014 in ihr Dorfer eingedrungen waren, nachdem die kurdische Peschmerga fluchtartig die Front verlassen hatte. Sie war damals zehn. Der Vater wurde vor ihren Augen ermordet, die Frauen und Mädchen des Ortes zusammengetrieben. Während ihrer dreijährigen Gefangenschaft wurde sie zwanzig Mal »verheiratet«, d. h. sie wurde als Sex-Sklavin wie eine Trophäe weitergereicht. Immer wieder wurde das Mädchen vergewaltigt und auf Märkten weiterverkauft.

Die drei jesidischen Schwestern im Notaufnahmelager im Nordirak, wo ich sie Ende 2018 traf

Einer ihrer »Besitzer« verlangte, dass sie Koranverse auswendig lernen sollte, was ihr aber kaum gelang, da sie kein Arabisch, sondern nur Kurdisch beherrschte. Zur Strafe musste sie hungern. Als sie nach einem Jahr auf einem der Märkte zufällig einer ihrer Schwestern begegnete, erkannte diese sie zunächst nicht, weil sie sehr abgemagert war.

Die drei Frauen waren schließlich davon überzeugt, dass sie nie wieder freikommen würden. Nach drei Jahren wurden sie jedoch freigekauft. Von einem Mann, den sie alle »den Imker« nannten.

Ich hatte ihn zwei Tage zuvor in Lalish getroffen. Die Stadt lag rund sechzig Kilometer von Mossul entfernt und in über tausend Metern Höhe in einer reizvollen Mittelgebirgslandschaft. Ich wartete auf ihn vor dem Tempel der Stadt, einem heiligen Ort der Jesiden. Wie durch ein Wunder war dieser von den IS-Kriegern nicht zerstört worden. Es war ein Wintertag. Bis zur drückenden Hitze des Sommers war es noch einige Monate hin.

Zwei Männer kamen die Straße herauf, sie sprachen Kurmandschi, ihre Aufmachung war elegant. Sie gingen nicht barfuß, wie dort üblich, sondern trugen teures Schuhwerk. Einer der beiden war »der Imker«, wie sich herausstellte – jener Mann, der Tausende Jesiden aus der Gefangenschaft des IS freigekauft hatte. Er selbst vermisste 56 Familienangehörige, wie ich später erfahren sollte.

Er begrüßte mich freundlich und nahm sich zwei Stunden Zeit, um in einem Nebengelass des Tempels von seiner gefährlichen Arbeit zu berichten.

Vor dem Sindschar-Genozid 2014 lebten im Nordirak schätzungsweise 600.000 bis 700.000 Jesiden. Gegenwärtig sind es nur noch rund 40.000. Zehntausende Mitglieder der Religionsgemeinschaft leben noch immer in Notunterkünften in der Region. Die Regierung in Erbil scheint sich offenbar damit abgefunden zu haben, dass jesidische Flüchtlinge in den UN-Lagern versorgt werden. Sie forciert nicht die Integration der Menschen in die Gesellschaft der autonomen Region Kurdistans …

Einige Monate nach der Begegnung mit dem »Imker« informierte mich Nouri, dass er wieder in Deutschland sei und als Kellner arbeite. Er bemühe sich von dort aus, die Einreise seiner Frau zu ermöglichen. Deutschland war mittlerweile zur größten Diaspora-gemeinde der Jesiden geworden. Schätzungen gehen weit auseinander, sie reichen von 150.000 bis zu 300.000 Jesiden, die inzwischen hierzulande leben.

Nach zwei Jahren war Nouri Anfang 2020 mit einem provisorischen Reisepass der Bundesrepublik zu seiner Frau in das Flüchtlingslager zurückgekehrt, um die gemeinsame Ausreise zu erreichen. Sie unternahmen 2021 einen weiteren Anlauf. Inzwischen war er Vater eines Kindes geworden und lebte mit seiner Frau in der Stadt Dohuk, sechzig Kilometer von Mossul entfernt.

Sie legten ihr Schicksal in die Hände von Schleuserbanden und flogen nach Minsk, um von Belarus nach Litauen zu gelangen. Belarussische Grenzer nahmen ihnen jedoch das Geld und die Papiere ab, darunter seinen inzwischen abgelaufenen provisorischen Reisepass der Bundesrepublik. Schleuser brachten sie über die litauische Grenze, wo sie in ein Lager kamen. Mit dem Handy seiner Frau – seines war ihm ebenfalls von den Soldaten weggenommen worden – informierte er mich über ihre aktuelle Lage.

Ich nahm daraufhin Kontakt auf zur deutschen Botschaft in Vilnius. Ein Angestellter antwortete mir aus der litauischen Hauptstadt: »Erlauben Sie mir zuvor eine wichtige Klarstellung: Nach dem gescannten Reiseausweis ist Herr ... kein deutscher, sondern irakischer Staatsangehöriger.«

Und nachdem der deutsche Beamte mich weiter belehrt hatte, dass sich gegenwärtig in litauischen Aufnahmeeinrichtungen viele Menschen befänden, die illegal über Belarus in die EU eingereist seien – »vermutlich auch Ihr Bekannter mit seiner Familie« –, verwies er an die litauischen Behörden. Dorthin müsse sich Nouri und seine Frau wenden, um ein entsprechendes Asylverfahren zu beantragen.

Nouri klang ziemlich resignativ, als ich ihn erneut kontaktierte. Mit 420 anderen Flüchtlingen säßen sie nun in einem anderen litauischen Lager, das sie nicht verlassen dürften. Er habe die Hoffnung verloren, jemals wieder nach Deutschland einreisen zu können. Seine Frau und das Kind hätten nur das irakische Flüchtlingslager gegen ein litauisches getauscht. Die litauischen Behörden hätten ihre Asylanträge abgelehnt, ihre Zukunft wie auch die der anderen Flüchtlinge sei ungewiss.

Nach zwei Jahren kam Nouri im Sommer 2022 mit seiner Familie nach Hameln, sein Sohn war inzwischen zweieinhalb Jahre alt. Die Familie hatte über ein Jahr in einem litauischen Lager zubringen müssen.

Die Familie wohnt jetzt in einem dreigeschossigen Haus mit großem Garten. Auch seine Eltern und seine beiden Brüder leben unter diesem Dach, der ältere Bruder ebenfalls mit Frau und Kind. Eine Schwester hält sich noch in der Türkei auf. Zusammen mit ihrem Mann und Kind wartet sie auf die Überfahrt nach Griechenland. Auf diesem Weg war auch der andere Teil der Familie 2014 geflohen, als im Nordirak der Völkermord an den Jesiden tobte, erfuhr ich.

Man sieht dieser Familie, die sich zum Essen versammelt hat, das Erlebte nicht an. Vor allem Nouri nicht, der die Flucht nach Deutschland gleich mehrmals auf verschiedenen Wegen erlebt hat.

Nouri Shani Baqi, der mehrmals zwischen Hameln und den Flüchtlingslagern im Nordirak pendelte und 2022 seine Frau und sein Kind über Litauen nach Deutschland brachte

Nouris Vater erzählt, wie vor acht Jahren die Horden des Islamischen Staats in die jesidischen Regionen im Nordirak einbrachen, Tod und Verderben brachten, die Männer liquidierten, so diese nicht zum Islam konvertierten, und die Frauen misshandelten und als Sklavinnen verschleppten. Er berichtet, wie sie auf die Berge flüchteten, nachdem sie ihre Dörfer verlassen hatten, während er sich mit den anderen Männern den anstürmenden Truppen des Islamischen Staats (IS) entgegenstellte. »Ich sah wie eine Frau, die mit ihrem Kind zu uns fliehen wollte, von einer Kugel des IS getroffen wurde. Das Kind lief weiter, wir konnten es retten.«

Nouris 17-jähriger Bruder, der eine Ausbildung zum Altenpfleger macht, berichtet: »Ich war zwar damals erst neun, aber nie vergesse ich, wie wir ohne Nahrung in den Bergen lebten und später über die Balkanroute bis nach Hameln flüchteten. Ich liebe Deutschland, hier kann ich die Schule und eine Ausbildung absolvieren ohne große Probleme.«

Rassismus oder Fremdenfeindlichkeit hat die Familie bisher nicht erlebt. Hameln sei eine tolerante Stadt, meint Nouri, der in der jesidischen Diaspora unter dem Künstlernamen Anwar als Sänger bekannt ist. »So viele Jesiden haben hier eine neue Heimat gefunden.«

Ungefähr 200 Familien sollen dort sein.

Am 3. August 2022 jährte sich der Genozid an den Jesiden im nordirakischen Sindschar zum achten Mal. Aus diesem Anlass gedachte die Stadt auf dem Rathausplatz der Opfer der IS-Massaker, von denen viele in Massengräbern verscharrt worden waren.

Während der Gedenkveranstaltung überreichten Vertreter der Jesiden dem Hamelner Oberbürgermeister Claudio Griese eine Denkschrift, in der sie auf die katastrophale Lage in Sindschar und auf das an den Jesiden begangene Unrecht aufmerksam machten.

Der Integrationslotse Georg Geckler, der sich seit Jahren für die Religionsgemeinschaft in der Region einsetzt, forderte, dass die Jesiden in Frieden in Deutschland leben können sollten.

Nouri Shani Baqi liebt Hameln. Das betont er beim Rundgang immer wieder. In der Innenstadt herrscht viel Betrieb. Das historische Stadtbild wird von der milden Septembersonne illuminiert. Sanierte Fachwerk- und Sandsteinhäuser aus der Renaissance säumen die Straßen. Sie blieben von Weltkriegsbomben und Abrissbirnen des Wirtschaftswunders größtenteils verschont. Und doch hat sich die Kleinstadt in den letzten Jahren verändert – sie ist multikultureller geworden. Auch zahlreiche Jesiden aus dem Nordirak haben sich hier, im südlichen Niedersachsen, niedergelassen. So wie Nouri und seine vielköpfige Familie.

Beim Spaziergang erzählt er mir Details von der Flucht: wie sie in der Nacht von maskierten, englischsprechenden Männern über die belarussisch-litauische Grenze getrieben wurden, im Lager landeten und von den litauischen Behörden im Unklaren gelassen wurden, was mit ihnen geschehen werde. Als man ihnen erstmals gestattete, das Lager zu verlassen, nahm er Kontakt zu einem jesidischen Geschäftsmann in Vilnius auf. Zu diesem schlugen sie sich durch. Sie hielten sich dort ein paar Tage auf und wurden dann mit dessen Hilfe per Auto bis nach Hameln gefahren.

Nouri bittet in den Garten. »Ich weiß, ich habe wirklich Glück gehabt – einen Schutzengel in meinem bisherigen Leben.« Er zeigt auf einen künstlichen Pfau, der in einer Rabatte steht. Das Symbol von Melek Taus, dem Engel Pfau, einer der insgesamt sieben Erzengel der Jesiden. »Wir haben den Islamischen Staat und die Flucht überlebt. Jetzt hoffe ich nur, dass meine Schwester und ihre Familie bald wohlbehalten hier eintreffen und ich wieder eine Duldung oder einen Aufenthaltstitel von der Ausländerbehörde erhalte. Meine Sachbearbeiterin dort wartet noch auf eine Rückmeldung vom Bundesamt für Migration und Flüchtlinge. Ich hoffe, es klappt alles.«

Deutschland, Mai 2022

Besuch in Bad Oldesloe

Bad Oldesloe liegt im östlichen Hügelland Schleswig-Holsteins und verkehrstechnisch günstig. Autofahrer auf dem Weg zur Ostsee nehmen vielleicht die Abfahrt Bad Oldesloe wahr, an der sie auf der A1 – ungefähr vierzig Kilometer nördlich von Hamburg und etwa zwanzig Kilometer südlich von Lübeck – vorüberfahren. Diese geografische Lage hat einen positiven Effekt auf die wirtschaftliche Entwicklung der Kreisstadt. Ein nicht unerheblicher Teil der Bewohner von Oldesloe, wie die Einheimischen ihre Stadt nennen – wobei das letzte »E« nicht gesprochen, dafür das letzte »O« etwas gedehnt wird, also »oooh« –, pendelt entweder zur Arbeit nach Hamburg oder nach Lübeck.

Die Kleinstadt wächst moderat, derzeit zählt sie 25.000 Einwohner. Familien aus den nahen Ballungsgebieten sind dort auf der Suche nach billigeren Mieten oder günstigem Bauland. Das macht den Standort attraktiv für Investoren und kompensiert die Abwanderung junger, gut ausgebildeter Menschen, die die Enge der Kleinstadt mit der weiten Welt tauschen. Wie zum Beispiel Ronya Galka, die heute in der britischen Grafschaft Northumberland lebt, nicht weit von der Hafenstadt Newcastle entfernt, und sich als Straßenfotografin im Vereinigten Königreich einen Namen gemacht hat. 1993, nach dem Abitur in Bad Oldesloe, ging sie als Au-pair nach London, danach für ein weiteres Jahr nach Paris. Aus der ursprünglichen Planung, wieder nach Deutschland zurückzukehren, wurde nichts. Stattdessen begann Galka ein Studium in London und baute ihr Leben in Großbritannien auf.

Die heute 47-Jährige, die sich zu einem Besuch in der Kreisstadt aufhält, kommt aus dem Staunen nicht heraus, wenn sie die demografischen Veränderungen in ihrer Heimat reflektiert. »Es ist schon erstaunlich: Das Bad Oldesloe, das ich Anfang der 90er Jahre verließ, war eine etwas biedere Beamtenstadt, in der es nur sehr wenige Menschen mit Migrationshintergrund gab. Als ich mit meinem damaligen Lebensgefährten, der aus Nigeria stammt, hier durch die Fußgängerzone lief, gab es einige giftige Blicke und Getuschel. Aber das hat sich geändert, heute leben hier Menschen aus aller Welt.«

Wer Bad Oldesloe aus früheren Zeiten kennt, sieht die Veränderungen. Die Kreisstadt ist heute ein Klein-Babylon und erinnert ein wenig an urbane Einwanderungszentren wie Hamburg-Altona, Berlin-Neukölln oder Köln-Chorweiler. Migrationshintergründe sind keine Seltenheit, und immer mehr Kinder stammen aus binationalen Beziehungen. In der Innenstadt, früher von Geschäften geprägt, die seit Jahrzehnten im Familienbesitz waren und die lokale Elite bildeten, gibt es heute mehrere orientalische Lebensmittelläden. Cafés und Bäckereien werden von Einwandererfamilien geführt.

Die italienische Eisdiele, wo einst die Jeunesse dorée – die Jugendlichen der Oberschicht – verkehrte, ist noch am Platz; ein Großteil der Bedienung stammt aus Südosteuropa. Die Kneipe »Zur Mühle« gleich nebenan, in der sich früher die Fußballer nach dem Training trafen, hat sich in eine hippe, urban anmutende Bar verwandelt. Sie wird von Deutsch-Iranern betrieben, die sich aber als Italiener ausgeben. Bei einem Bummel durch die Innenstadt vernimmt man Sprachen wie Dari, Arabisch und Armenisch neben kurdischen Mundarten.

Hanni Demetroius hingegen, Jahrgang 1969, der in Bad Oldesloe als Sohn ägyptischer Einwanderer aufwuchs und seit 2003 in New York lebt, äußert per Skype, dass ihm das Bad Oldesloe von früher besser gefallen habe. »Da war viel mehr Leben, und ich glaube, man hat sich früher weniger als ›Kanake‹ gefühlt als heute.« Diese Äußerungen verwundern.

Auch ich bin in dieser Stadt aufgewachsen, und ich erinnere mich daran, dass ich als Zwölfjähriger mit einem Freund in der Fußgängerzone unterwegs war und dort den allseits beliebten und respektierten Fußball-Nachwuchstrainer traf. Wir begannen zu plaudern, während ein Pärchen vorbeiging – er schwarz, sie weiß. Sicherlich ein eher seltener Anblick im Bad Oldesloe des Jahres 1983, worauf der nette Fußballtrainer, ein jovialer, freundlicher Herr um die Sechzig, plötzlich den Tonfall wechselte und schneidend erklärte: »Solche Leute sollte man mit Benzin übergießen und anzünden!«

Der Fußball-Trainer ist schon lange tot. Würde er heute noch leben und durch die Fußgängerzone schlendern, wäre er, sofern nicht inzwischen geläutert, entsetzt. Hanni, der in die USA ausgewanderte Deutsch-Ägypter, berichtet von seltsamen Blicken, die er in den vergangenen Jahren bei seinen Besuchen in Bad Oldesloe wahrgenommen habe, räumt aber ein: »Ich bin inzwischen wohl überempfindlich – hier in New York hat man nie das Gefühl, ein Fremdkörper zu sein.«

Der demografische und soziale Wandel hat sich in der Kreisstadt langsam, aber nachhaltig vollzogen. Bad Oldesloe erinnert an eine kleine »Arrival-City«, wie der kanadische Journalist Doug Saunders die großen Einwanderer-Metropolen in seinem gleichnamigen Buch bezeichnete. Der Bürgerpark von Bad Oldesloe, in dem früher am späten Nachmittag »die Bürgersteige hochgeklappt« wurden, wird heute an warmen Sommerabenden von Jugendlichen bevölkert. Sie lehnen lässig an Laternenpfählen, die mit Antifa-Stickern zugeklebt sind, umhüllt von Marihuana-Duft und Rapmusik. Man kann diese Veränderung begrüßen oder ablehnen.

Das Bad Oldesloe der früheren Jahrzehnte, die biedere Kreisstadt mit ländlichem Einzugsgebiet, scheint nicht mehr existent zu sein. Die Stadt damals war größtenteils ethnisch homogen. Die massiven Zuzüge der Nachkriegszeit, hervorgerufen durch Flüchtlingsbewegungen aus Ostpreußen oder Pommern, waren nur noch an den Straßennamen zu erkennen, die an Königsberg oder Kolberg erinnerten. Die alten Leute erzählten Geschichten aus der Wolfszeit, wie der Autor Harald Jähner die Jahre zwischen dem Ende des Zweiten Weltkrieges und der Gründung der beiden deutschen Staa-

Idylle unter Palmen: Fußgängerzone in Bad Oldesloe

ten nannte. Binnen kurzem verdoppelte sich die Bevölkerungszahl Schleswig-Holsteins durch die Aufnahme der Flüchtlinge »aus dem Osten«. Entgegen heutigen Legenden verlief deren Integration alles andere als reibungslos.

Was Flüchtlinge aus dem Osten durchmachen mussten, erlebten auch die Eltern von Ronya Galka. Die Kinder aus Ostpreußen bekamen Ablehnung und Hass zu spüren. Die NS-Propaganda von der Volksgemeinschaft hatte die Hiesigen nicht so verändert, dass sie nachhallte, der Zusammenhalt der Volksgemeinschaft war Schimäre, ein Mythos. Relativierend kann man einwerfen, dass die Ablehnung der Landsleute aus dem Osten in der allgemeinen Not wurzelte, auch die Einheimischen hatten wenig zu beißen – aber eben ein Dach über dem Kopf. Die meisten Flüchtlinge besaßen nur noch, was sie am Leibe trugen.

Anfang der 1990er Jahre kamen viele sogenannte Spätaussiedler nach Bad Oldesloe. Sie waren jetzt »die Russen«, während sie in ihrer Heimat, die sie hinter sich gelassen hatten, »die Deutschen« gewesen waren, »die Fritzen« oder, noch schlimmer, »die Faschisten«.

Wenig später folgten Albaner, dann Afghanen und Syrer. Letztlich leben heute Menschen aus allen Winkeln der Erde in der niedersächsischen Kleinstadt. Und das ist durchaus repräsentativ und keineswegs untypisch.

An der Theodor-Storm-Schule findet ein Frühlingsfest statt, das in den vergangenen zwei Jahren wegen der Corona-Pandemie verschoben worden war. Schulleiter Martin Nirsberger ist sichtlich erfreut, denn seine Bildungsstätte wird mit dem Titel »Schule ohne Rassismus – Schule mit Courage» ausgezeichnet. Der 38-Jährige stammt aus Thüringen und ist seit 2020 Direktor dieser Gemeinschaftsschule. »Ich habe mich als ostdeutscher Katholik gut in die protestantisch geprägte Kleinstadt eingelebt«, erwähnt er lachend. »Bin integriert.«

»Das heutige Bad Oldesloe ist viel weltoffener als früher«, ergänzt Jörg Lemke, der parteilose Bürgermeister. Der joviale Kommunalpolitiker von Mitte 50 sieht in der Zuwanderung keine Probleme.

Nirsberger bittet auf den Schulhof, wo er von den über 400 Schülern freudig begrüßt wird; rund 70 Prozent haben einen Migrationshintergrund. Er erwähnt die zahlreichen Aktivitäten an seiner Einrichtung wie die Aufnahme eines Anti-Mobbing-Songs, den interkonfessionellen Religionsunterricht, die »Meet a Jew«-Aktion sowie den »Tag der Justiz«. Schulsprecher Salman Merza, Sohn jesidischer Einwanderer aus dem Nord-Irak, schüttelt auf meine Frage, ob er schon einmal Rassismus erlebt habe, erstaunt den Kopf.

In den 1980er Jahren besuchte auch ich diese Schule. Ich erinnere mich, dass bereits ein gelber Jogginganzug, den ich im Sportunterricht trug, als anstößig galt, weil die Farben Blau und Weiß erwünscht waren. Die Zeiten waren damals andere.

Aber vollzieht sich dieser Wandel wirklich ohne größere Probleme in Bad Oldesloe?

Ein Mitarbeiter der örtlichen Kreissparkasse, der ungenannt bleiben möchte, beschwert sich über die wachsende Anonymität und die gesunkene Kaufkraft. »Früher kannte jeder jeden, aber heute? Außerdem werden durch die Zuwanderung Traditionen über Bord geworfen.« Welche Traditionen meint er?

Ich entsinne mich, dass NPD-Leute auf dem Wochenmarkt Flyer mit nationalistischen und rassistischen Texten verteilten, und dass neofaschistische Aufkleber an der Schule auftauchten. Die NPD knüpfte an alte Zeiten an und fand Resonanz. »Noch im April 1945 haben die Leute in Bad Oldesloe mit ›Heil Hitler‹ gegrüßt«, berichtet eine alte Dame, die damals als

Flüchtling aus Ostpreußen in die Stadt kam. Wie viele andere Städte im ländlichen Schleswig-Holstein war auch Bad Oldesloe eine frühe NS-Hochburg und blieb es bis zum Schluss.

Die Zuwanderung in die Kreisstadt in der jüngeren Zeit wurde nicht vom Aufstieg rechter Parteien begleitet. Die AfD zog 2017 in den Landtag in Kiel ein und scheiterte 2022 an der Fünfprozent-Hürde, in Bad Oldesloe konnte sie nie richtig Fuß fassen.

Liegt es an den günstigen ökonomischen Rahmenbedingungen, am Engagement der Bürger oder an der Nähe zu den weltoffenen Hansestädten, dass die Integration von Zuwanderern relativ gut funktioniert?

Azad ist ein kurdischstämmiger Frisör, der vor vier Jahren aus Hamburg kam. Er findet Bad Oldesloe zwar etwas spießig, weiß aber zu schätzen, dass seine Kinder an den örtlichen Schulen besser integriert sind als in Hamburg.

Irak, Dezember 2018

Weihnachten bei den Peschmerga

»Wo ist denn Ihr Visum für den Irak?«, fragt die Mitarbeiterin von *Turkish Airlines* am Gate in Istanbul, als ich die Maschine nach Erbil besteigen will. Sie blättert hektisch in meinem Reisepass.

Mein Hinweis, dass deutsche Staatsbürger kein Visum für die Einreise in die *Autonome Region Kurdistan* benötigten, wird von ihr mit der Frage beantwortet: »Wo ist Kiel?« – Das ist mein Geburtsort, wie sie dem amtlichen Dokument entnommen hat.

Die Sache geht noch einmal glimpflich aus, obwohl die Dame Recht hatte und ich nur zum Teil. Selbstverständlich benötigen Deutsche für die Einreise in den Irak ein Visum. Aber die Behörden von Irakisch-Kurdistan verzichten gerne darauf, wenn man über deren Hauptstadt Erbil einreist.

Es ist kurz vor Weihnachten, was auch erklärt, weshalb im Flugzeug viele Sitze frei bleiben. In der Sitzreihe neben mir hat Sylvia Wähling vom Menschenrechtszentrum Cottbus Platz genommen. Sie ist in Begleitung von Vasilis Diamantis, einem griechischen Juwelier, der in der libanesischen Hauptstadt Beirut aufwuchs, daher neben Griechisch, Französisch und Englisch auch fließend Arabisch spricht.

Sylvia Wähling ist gebürtige Griechin, die in den frühen 1980er Jahren zum Studium in die Bundesrepublik kam. Sie reist schon zum elften Mal in den Nordirak. Unser gemeinsames Ziel ist die Stadt Telskuf, im sogenannten »umstrittenen Gebiet des Nordirak«. Dieses Territorium wird von den kurdischen Kämpfern der Peschmerga kontrolliert, aber sowohl von Bagdad als auch von Erbil, der Regierung der Autonomen Region Kurdistan im Irak, beansprucht.

Der Blick aus dem Bordfenster gleitet über die Istanbul, das – es ist spät am Abend – im hellen Lichterglanz erstrahlt. Ich versuche meine Gedanken zu sortieren. Das Auswärtige Amt in Berlin warnte vor Reisen in den Irak, auch in die kurdischen Autonomiegenbiete, die als relativ sicher gelten.

Ich krame in meinen Notizen. Kurz vor der Abreise hatte eine Dame vom deutschen Konsulat in Erbil eine fürsorgliche Mail an die Teilnehmer unserer kleinen Reisegruppe gesandt: »Ich weiß, dass die anstehende Reise nicht ihre erste Reise in die Region ist, dennoch möchte ich ausdrücklich darauf hinweisen, dass Telskuf zwar aktuell von Peschmerga kontrolliert wird, aber zu einem umstrittenen Gebiet gehört.

Das Konsulat bittet daher die gesamte Gruppe, größtmögliche Vorsicht gerade auch bei Fahrten über Land walten zu lassen, insbesondere sollte selbstverständlich die Nähe zum zentralirakischen Checkpoint vermieden werden.«

Die Stewardess serviert Kaffee und Softgetränke. Ich greife zu den Informationen, die Silvia Wähling über

Telskuf zusammengestellt hat. »Vor dem Angriff durch den sogenannten *Islamischen Staat* im Sommer 2014 lebten etwa 10.000 Menschen in diesem rein christlichen Ort. Die Bevölkerung flüchtete vor den Terroristen in die Nachbarstadt Alqosh, in die kurdische Umgebung oder ins Ausland.«

Inzwischen ist die Hälfte der Einwohner wieder zurückgekehrt, Telskuf wurde 2016 vom IS befreit.

Das Menschenrechtszentrum Cottbus unterstützt finanziell die Sanierung der 800 Jahre alten St.Jakob-Kirche, welche von den IS-Kämpfern geschändet und schwer beschädigt worden war. Das ist unter anderem der Grund für Sylvia Wählings Reise. Ich habe mich ihr angeschlossen, um vor Ort die Gegebenheiten zu studieren und neue Erkenntnisse zu gewinnen.

Bei den Christen in unserem Reiseziel handelt es sich um chaldäische Christen, die mit der katholischen Kirche in Rom verbunden sind, im Kirchendeutsch spricht man von »uniert«. Einer ihrer prominenten Vertreter war Tarek Aziz, der irakische Außenminister unter Saddam Hussein. Dieser warnte kurz vor der Invasion der USA den Journalisten Peter Scholl-Latour vor den Folgen einer westeuropäischen Beteiligung an diesem Krieg. »Die Amerikaner werden eines Tages wieder hinter ihren Ozean zurückkehren, aber die Europäer bleiben Nachbarn des Orients.«

Peter Scholl-Latour wies in den folgenden Jahren sehr deutlich wiederholt darauf hin, dass der »Krieg gegen den Terror« für die Christen in der Region zu einer Katastrophe werden würde. Wie oft hatte er während unserer Begegnungen dieses traurige Thema angeschnitten, welches ihn sichtlich bewegte. Nach neuesten Zahlen leben nur noch knapp 250.000 Christen im Irak, 2003 waren es noch über eine Million.

Das Anschnallzeichen erscheint – wir befinden uns im Landeanflug auf Erbil ...

Zwei Stunden sind inzwischen seit unserer Abfahrt aus Erbil, der Hauptstadt der Autonomen Region Kurdistan, vergangen. Scheich Zedo Baedri, unser Begleiter, ein jesidischer Würdenträger, der längere Zeit in Deutschland verbracht hat, macht uns darauf aufmerksam, dass wir uns den »umstrittenen Gebieten« nähern – also jenen Territorien, welche sowohl von Kurden wie auch von Arabern beansprucht werden.

Grund genug, ein wenig über die staatliche Verfasstheit des Irak zu spekulieren. Bei meiner Einreise hatte ich einen irakischen Stempel in meinem Reisepass erhalten, aber nicht die Frage nach einem Visum für den Irak gestellt bekommen. Auch hier, in den Kurdischen Autonomiegebieten, sehe ich nirgendwo Symbole des irakischen Staates. Der heutige Irak – so groß wie Deutschand und Österreich zusammen und von 43 Millionen Menschen bewohnt – entstand nach dem Ersten Weltkrieg. Das Land war von der reisenden britischen Jungfer Gertrude Bell – einer Orientalistin von beträchtlichem Niveau, die höchstwahrscheinlich im Auftrag des Geheimdienstes Ihrer Majestät handelte – »erfunden« worden. Es wurde aus den drei osmanischen Provinzen Bagdad, Mossul und Basra gebildet und als Königreich ausgerufen. Ein Militärputsch im Jahr 1958 führte zum Ende der Monarchie, das Land wurde Republik. Die Bodenschätze, insbesondere Erdöl und Erdgas, weckten fortan große Begehrlichkeiten in der imperialistischen Welt, die immer größer wurden, je stärker der Irak diese für die eigene Wohlfahrt zu nutzen begann.

Nein, staatliche irakische Symbole vermag ich nicht am Wegesrand zu entdecken. Dafür lächelt Masud Barzani von den Hauswänden und Checkpoints der vorbeiziehenden Dörfer und Stützpunkte. Der Präsident von Irakisch-Kurdistan hatte nach einem Unabhängigkeitsreferendum im September 2017 einen eigenen Staat ausrufen wollen, musste aber nach politisch-militärischem Druck aus Bagdad zurücktreten. Dennoch ist er, der Vorsitzende der Demokratischen Partei Kurdistans (PDK), der starke Mann der Kurden im Irak geblieben und hält die Zügel in der Autonomen Region fest in seiner Hand. Während seiner Amtszeit gelang es ihm, die innerkurdischen Spannungen abzumildern und mit seinem Gegenspieler Dschalal Talabani einen Burgfrieden zu schließen.

Barzanis Herrschaftsgebiet entwickelte sich zu einer lebenswichtigen Transitzone zwischen Anatolien und dem Zweistromland, in der die Bevölkerung – auch dank lukrativer Erdölgeschäfte – einen bescheidenen Wohlstand genießt. Es besteht sogar ein für die Region ungewöhnlich hoher Grad an Meinungsfreiheit, wenngleich man sich besser nicht zu kritisch mit dem Thema Korruption – von der der Barzani-Clan zweifelsohne befallen ist – beschäftigen oder unangenehme Fragen stellen sollte. Dann ist es nämlich schnell vorbei mit der politischen Toleranz und der Meinungsfreiheit, sagten mir kritische Intellektuelle in Erbil.

In den Städten und Dörfern, die wir durchfahren, herrscht Geschäftigkeit, die Sonne scheint mild vom strahlend blauen Himmel. Ziegenherden streunen über die Wiesen, zahlreiche Straßenhändler bieten ihre Waren zum Verkauf an. Es ist schwer vorstellbar, dass diese Region vor vier, fünf Jahren von den Horrortruppen des Islamischen Staates überrannt und erst vierzig Kilometer vor Erbil gestoppt worden waren.

Die überraschende Eroberung der nahen Ölmetropole Mossul und der sunnitischen Nordprovinzen durch die Islamisten schlug eine Schneise von Tod und Zerstörung. Die ohnehin schwache Verbindung zu Bagdad wurde weitgehend zerrissen.

Der Traum der Kurden nach einer staatlichen Unabhängigkeit ist alt, aber erst mit dem Eingreifen einer US-geführten Koalition während des Zweiten Golfkrieg 1991 rückte dieser in greifbare Nähe. Mit Washingtons Unterstützung wurde eine Armee aus ihren Peschmerga aufgestellt – kurdische Freischärler, deren Kampfkraft gefürchtet und bewundert wird. (Als Peschmerga bezeichnen sich auch die bewaffneten Einheiten der politischen Parteien Komalah und PDK-I im Iran, wie auch die Einheiten mehrerer kurdischer Parteien in Syrien.)

Die Tatsache, dass die USA die Kurden fallen ließen, nachdem sie sie zuvor zum Aufstand gegen Saddam Hussein angestachelt hatten und dadurch eine beispiellose humanitäre Katastrophe hervorriefen, wurde von den Menschen hier natürlich nie vergessen. Ihre Lehre aus dieser Geschichte: Wir können uns nur auf uns selbst verlassen! Man darf sich daher nicht wundern, dass über der Ninive-Ebene, durch die unser Wagen jetzt rollt, die rot-weiß-grüne-Flagge mit der Sonne im Mittelpunkt weht – also die kurdische anstelle der irakischen Fahne.

Jetzt befinden wir uns in den umstrittenen Gebieten des Nordirak. Neben der Fahrbahn liegen Peschmerga-Stützpunkte wie große Maulwurfshügel in der Landschaft. Bis Mossul, erst 2017 in blutigen Straßenkämpfen von den Terroristen des IS befreit, sind es noch dreißig Kilometer. Die Peschmerga rückten teilweise schon im Dritten Golfkrieg, also 2003, in die heutigen Positionen vor, dauerhaft aber erst nach der Zerschlagung und Verdrängung des IS. Das Diktum von Mao Zedong, wonach die Macht aus den Gewehrläufen kommt, scheint bei den kurdischen Kämpfern nichts an Aktualität verloren zu haben.

In der Ferne taucht eine Bergkette auf, zu deren Füßen eine Stadt liegt. »Das ist Alqosh«, sagt der Fahrer und bremst vor dem Peschmerga-Checkpoint ab, der mit der kurdischen Fahne und einem Barzani-Bild geschmückt ist.

Der Soldat, bewaffnet mit einer MPi, schaut kurz in das Wageninnere und tauscht einige Belanglosigkeiten mit dem Fahrer aus. Unsere Ankunft wurde avisiert, andernfalls hätten wir nicht so leicht passieren dürfen.

»Damit komme ich überall durch«, scherzt der Fahrer, ein junger Mann aus Erbil, der sich mit Fahrten wie dieser sein Chemie-Studium finanziert. Er zeigt auf das chaldäische Kreuz, welches an seinem Rückspiegel baumelt.

Alqosh ist das Zentrum der Chaldäer, auch über dem improvisierten Eingangstor zur Stadt thront ihr Kreuz. Bei dieser Volksgruppe, in früheren Zeiten auch als Assyrer bezeichnet, handelt es sich nicht um Kurden, es wird Arabisch und teilweise Aramäisch – die angebliche Sprache von Jesus Christus – gesprochen.

Die Gläubigen sind für den Schutz durch die Peschmerga dankbar – besonders nach den Erfahrungen der letzten Jahre. Dieses bestätigt auch Mikha Pola Maqdasi, der Bischof von Alqosh, als er uns in seiner Residenz empfängt. Bekleidet mit schwarzer Soutane und dem traditionellen Schulterkragen, der Pellegrina, ist er eine elegante Erscheinung. Er spricht ein akzentfreies Französisch.

Der Bischof lobt das Engagement von Sylvia Wähling für die Menschen in der Region. Die Leiterin des Menschenrechtszentrums in Cottbus ist zu Tränen gerührt. Der Geistliche macht aus seinen politischen Ansichten keinen Hehl. Sollten Alqosh und die Ninive-Ebene auch faktisch wieder unter die Herrschaft Bagdads geraten, unter der sie sich rein staatsrechtlich noch immer befinden, würden die Christen die Region verlassen, erklärt er und verweist zur Begründung auf die unsichere Lage für Christen im Rest des Landes.

Die Äußerungen des Bischoffs rufen mir das statistische Zahlenmaterial ins Gedächtnis, welches ich vor der Reise studiert hatte. Nach dem Einmarsch der Amerikaner 2003, die hier angeblich einen »Leuchtturm der Demokratie« (Präsident George W. Bush) errichten wollten, hatten die Christen die Flucht ergriffen. Schon vor dem Auftauchen des IS suchten Tausende aus Städten wie Mossul und Bagdad in der Autonomen Region Kurdistan Schutz. Lebten 2003 noch über eine Million Christen im Irak, sind es heute nur noch knapp über 200.000 – mit abnehmender Tendenz.

»Warum betreibt das christliche Europa eine derart christenfeindliche Politik, weshalb pflegt der Westen eine so enge Komplizenschaft mit Saudi-Arabien, von wo doch die Gelder kamen, die den Aufstieg des IS beförderten?«, fragt uns ein Mitarbeiter des Bischofs, als wir den Amtssitz verlassen.

Die Frage vermag ich nicht zu beantworten, zumal mich augenblicklich eine andere beschäftigt: Weshalb blieben die Ninive-Ebene und die Stadt Alqosh immer eine Hochburg der Christen – trotz des Terrors des IS? Ich werde sie auch Lara Yussif Zara stellen, die hier seit Sommer 2017 Stadtoberhaupt is. Sie ist die erste (und vermutlich einzige) christliche Bürgermeisterin im Irak.

Sie empfängt uns im Rathaus von Alqosh, auf dessen Dächern die Fahnen Kurdistans und des Iraks einträchtig nebeneinander wehen. In ihrem Büro halten sich Peschmerga und irakische Militärs auf. Die überwiegend jungen und männlichen Mitarbeiter tragen teilweise Chaldäer-Kreuze als Tattoo am Hals.

Lara Yussif ist eine Mitdreißigerin und strahlt Lebenslust und Energie aus. Sie trägt ein gutgeschnittenes feuerrotes Kostüm, die braunen Locken fallen ihr über die

Schultern. Die Bürgermeisterin verfügt über Heldenstatus: Während des Vormarsches des IS blieb sie mit zehn Kämpfern vor Ort, während die Bevölkerung in Panik die Stadt verließ. Mit der Waffe in der Hand verteidigte sie Alqosh gegen die Dschihadisten – die Front verlief damals nur einen Steinwurf entfernt.

»Nicht nur die Menschen, auch die christlichen Kulturgüter aus der Frühphase unserer Religion waren in höchster Gefahr, wie die Zerstörungswut der sunnitischen Fanatiker andernorts bewies«, sagt sie.

Nach dem Termin im Rathaus schlägt Sylvia Wähling einen Ausflug ins berühmte Höhlenkloster Raban Hormuzd vor, welches aus dem 7. Jahrhundert stammt und nur wenige Kilometer vom Stadtzentrum entfernt liegt.

Nach der Wanderung durch das historische Areal verweile ich einen Augenblick auf der Balustrade und genieße den beeindrucken Blick über Alqosh und die Weiten der Ninive-Ebene. Diese Gegend ist eine der ältesten Siedlungsbiete von Menschen. Die Sonne strahlt jetzt kräftig, taucht die Landschaft in gleißendes Licht und bietet einen Vorgeschmack auf die drückende Hitze, die gleich kommen wird.

Scheich Zedo Baedri hat sich zu mir gesellt. »Von hier unten kamen die Truppen des Islamischen Staates. Und hier brachten wir sie zum Stillstand. Hier kämpfen wir auch für euch in Europa – warum wird das dort eigentlich nicht begriffen?«, fragt er und schaut mir dabei ernst ins Gesicht. – Ja warum?

Später erreichen wir Telskuf. Nachdem wir den Peschmerga-Stützpunkt problemlos passiert haben –

Sylvia Wähling und Scheich Zedo Baedri sind im Ort bekannt und augenscheinlich gern gesehen –, beziehen wir unser Quartier. Das Haus gehört einer Familie, die beim Ansturm des IS die Schlüssel einem Bekannten übergab und nach Australien emigrierte. Das Anwesen wirkt stattlich und ist von hohen Mauern umgeben.

Kontrollpunkt der Peschmerga mit dem Bildnis von Masud Barzani, von 2005 bis 2017 Präsident der Autonomen Region Kurdistan in Nordirak, und der rot-weiß-grünen Nationalflagge mit Sonne

Nachdem ich mich in meinem Zimmer häuslich eingerichtet habe, begebe ich mich auf die Dachterrasse. Mein Blick schweift über die Dächer, in den Gärten blühen Orangenbäume, verströmen ein angenehmes Aroma. Einige Fassaden sind von Einschusslöchern übersät, die Stromversorgung wird von knatternden Generatoren gesichert, wobei Stromausfälle zum Alltag gehören.

Telskuf wird nicht nur von den vier Peschmerga-Checkpoints gesichert, sondern von einer Anzahl weiterer Stützpunkte, erkennbar an den kurdischen Fahnen, die in den Weiten der Ninive-Ebene flattern.

Am Himmel zieht ein – vermutlich – amerikanisches Bombengeschwader entlang, wahrscheinlich geht es zu einer der US-Basen im Innern des Landes. Seit vierzig Jahren taumelt der Irak von einem Krieg zum nächsten. Ein wahrer Abgrund tat sich allerdings auf, als im Sommer 2014 aus der Ninive-Ebene eine militante Horde auftauchte, die zunächst einen islamischen Staat in Irak und in Syrien proklamierte, um ihn dann unter der Bezeichnung »Islamischer Staat« auf die ganze islamische Umma auszudehnen.

Von nun an erzitterte der gesamte Orient vor einem Prediger, der unter dem Namen Abū Bakr al-Baghdādī fungierte, dessen geistige Autorität angeblich von Marokko bis nach Indonesien reichte. Innerhalb kurzer Zeit, in einer Art Blitzkrieg, erwies sich der IS seinen militärischen Gegnern als weit überlegen. Bestehend aus jenen »Grünen Legionen«, deren Kämpfer ihr blutiges Handwerk, gespeist von Geldern aus Saudi-Arabien – dem engen Verbündeten des Westens –, auf den

Schlachtfeldern des internationalen Dschihad von der Pike auf erlernt hatten.

Den größten militärischen Erfolg erzielte der IS mit der Eroberung der zweitgrößten Stadt des Irak, die Metropole Mossul, nur etwa dreißig Kilometer von meinem Aussichtspunkt entfernt. Von Mossul aus organisierte al-Baghdādī, der fortan nur noch mit dem schwarzen Turban eines Kalifen auftrat, ein zusammenhängendes Territorium. Der »Islamische Staat« ignorierte bestehende Ländergrenzen, die darin lebenden »Ungläubigen« – Jesiden, Schiiten, Christen und andere Vertreter anderer Religionen – wurden verfolgt.

»Vor zwei Jahren hörten wir von hier aus die Detonationen«, berichtet Peter Chris Bürger, einer der Mitstreiter von Sylvia Wähling. Bürger war schon einige Tage zuvor aus Deutschland angereist. Der Chemnitzer hat sich eine Zigarette angezündet »Das war bei der Rückeroberung der Stadt vom IS.«

Bürger, der in den letzten Jahren häufig zu Gast in Telskuf war, erinnert sich. »Vor dem Angriff des IS lebten etwa 10.000 Menschen hier. Fast die gesamte christliche Bevölkerung floh in den Nachbarort Alqosh, den ihr gestern besucht habt.«

Jeder zweite Einwohner sei seit der Befreiung der Ninive-Ebene durch die Peschmerga-Truppen im Herbst 2016 zurückgekehrt, um in der angestammten Heimat das Leben zu bestreiten. Sukzessive werden die Häuser wieder aufgebaut und verdeutlichen, dass die Christen auch in den muslimisch dominierten Irak gehören.

»Die Ninive-Ebene ist seit mehr als zwei Jahrtausenden ein überwiegend von Christen dominiertes Gebiet, das seine ethnische und religiöse Vielfalt von Christen, Jesiden und Muslimen nicht aufgeben darf.« Sagt Peter Chris Bürger, tritt seine Kippe aus und lädt zur Besichtigung der Baustelle an der 800 Jahre alten St. Jakob-Kirche ein. Zu Fuß gehen wir durch den Ort in Richtung der alten Kirche. Im kleinen Stadtzentrum herrscht reges Treiben. Die ausländischen Besucher werden von den Einheimischen sehr freundlich aufgenommen.

Das Menschenrechtszentrum Cottbus ist ein Verein dem vorwiegend ehemalige politische Gefangene der DDR angehören, Peter Chris Bürger zählte auch dazu. Der Verein hilft bei der Sanierung von St. Jakob finanziell. Es gibt viel zu tun. Drei Freiwillige – zwei junge Männer aus Berlin und ein muslimisch-kurdischer Flüchtling, der in NRW lebt – haben ganze Arbeit geleistet, wie Bürger anerkennend feststellt.

Patrick, ein junger Mann aus Berlin-Friedrichshain, führt mich über die Baustelle. Die Umgebung ist eine Trümmerlandschaft – Folge der Kriegshandlungen wie auch der Jahrhunderte. Nur wenige Meter entfernt erhebt sich das neue Jugendzentrum. Sylvia Wähling dekoriert die Räume inklusive Bar und Billard mit Weihnachtsschmuck. Dieses Gebäude wurde von der chaldäischen Diaspora-Gemeinde und dem Cottbuser Menschenrechtszentrum finanziert.

Am Abend der feierlichen Eröffnung platzt das Jugendzentrum aus allen Nähten. Alle Honoratioren der Stadt sind gekommen. Feierliche Reden werden gehalten

Roman Schack in Nordirak. Seine Waffe ist der Stift, nicht die Kalaschnikow neben ihm

und Turniere in Billard und Tischtennis ausgetragen. Vasilis Diamantis, der griechische Juwelier, war in seiner Jugend ein preisgekrönter Billardmeister – er hat die Geschenke gesponsert, welche auf einem Gabentisch präsentiert und von Jugendlichen neugierig begutachtet werden. »Dieser Ort soll eine Anlaufstelle für das soziale Leben in Telskuf werden, denn neben mangelnder Sicherheit und Einkommen, sind fehlende soziale Aktivitäten ein häufiger Grund, warum junge Leute in Städte abwandern oder gleich ins Ausland gehen«, begründet Sylvia Wähling das Engagement vor Ort.

Bezüglich der Restauration von St. Jakob gibt sie zu bedenken: »Kirchen sind für die Christen identitätsstiftend. Für die Menschen in Irak, die schon so lange von Krieg und Terror heimgesucht wurden, ist die Sanierung einer Kirche ein Zeichen von Hoffnung. Unser Traum ist es, nächstes Jahr Weihnachten in der St. Jakob-Kirche feiern zu können, so wie wir dieses Jahr in der chaldäisch-katholische Kirche St. Georg die Messe zelebrieren. Es ist das erste wieder aufgebaute Gotteshaus nach der Zerstörung durch den IS.«

St. Georg befindet sich gegenüber vom Jugendzentrum und war beim Einmarsch durch den IS schwer zerstört worden. »Damals wurden IS-Parolen unter anderem auf Deutsch an die Wände geschmiert worden«, erinnert sich Chris Bürger.

Der Heiligabend beginnt mit einem Wetterwechsel. Es ist kalt geworden, kalt und nass. Auf Anregung und Initiative von Patrick, dem Freiwilligen aus Berlin, macht sich die Gruppe auf, die Peschmerga in den Checkpoints von Telskuf mit Weihnachtsgeschenken zu überraschen. »Diese Männer haben nicht nur den IS vertrieben, sondern schützen auch seit Jahren die Stadt«, sagt Patrick. »Als Dank dafür erhalten sie von uns Geschenke, unter anderem Essen und einen Teppich – denn in den Checkpoints müssen sie auf dem Boden schlafen.«

Die kurdischen Kämpfer reagieren sehr erfreut und bereiten uns in ihren spartanischen Unterkünften einen herzlichen Empfang. Viele dieser Männer standen gegenüber den IS-Truppen in blutigen Kämpfen. Die meisten Soldaten stammen aus verschiedenen Regionen der kurdischen Autonomiegebiete im Nordirak – die flache Landschaft der Ninive-Ebene mit ihren christlich-aramäischen Bewohnern ist ihnen fremd. Die Checkpoints mit dem Bildnis Barzanis und den kurdischen Flaggen signalisieren den Gebietsanspruch gegenüber der Regierung in Bagdad, von der man sich in Erbil immer weiter emanzipiert.

Vasilis Diamantis ehrt die Peschmerga, von denen viele Muslime sind, mit Kreuzen, die er speziell für diesen Aufenthalt angefertigt hatte. Als der Chef der gemischt religiösen Gruppe auch für sich und seine muslimischen Kollegen ein Kreuz fordert, wird das von allen Seiten mit Freude registriert. Der Oberst berichtet, während der obligatorische Tee gereicht wird, dass die IS-Kämpfer mit fanatischer Todesbereitschaft gekämpft hätten.

Die Peschmerga äußern Unverständnis darüber, dass der Westen unter der Führung der USA mit Staaten paktieren, die den IS unterstützten, und zeigen mir bereitwillig ihre Waffen. Neben der obligatorischen Kalaschnikow gibt es auch ein paar »Panzerfäuste« und Schnellfeuerwaffen.

Die schiitische al-Haschd asch-Scha'bī Miliz, die nur fünf Kilometer entfernt stehen soll, aber unsichtbar ist, sei auf jeden Fall viel besser ausgerüstet als man selbst. Niemand der Anwesenden hat Zweifel daran, dass diese Miliz von der Regierung in Bagdad entsandt wurde, um eines Tages den Kurden die umstrittenen Gebiete des Nordirak abspenstig zu machen.

Wir verabschieden uns.

Über der Ninive-Ebene liegt jetzt Nebeldunst und taucht die Landschaft in eine düstere Agonie. Der Weihnachtsgottesdienst an diesem Heiligen Abend wird allerdings in jener liturgischen Pracht entfaltet, die dem orientalischen Christentum zu eigen ist und welche in Europa – durch den Tanz um das goldene Kalb – längst abhanden kam.

In der St. Georg-Kirche werden die Sitzplätze knapp. Die anwesenden Gäste – es scheint der ganze Ort gekommen zu sein, darunter viele ehemalige Bewohner der Stadt, die längst im Ausland leben – sind festlich gekleidet. Eine feierliche Stimmung macht sich breit.

Der Gottesdienst wird in Aramäisch abgehalten, während draußen vor der Tür die Peschmerga mit entsicherten Gewehren den Schutz der Weihnachtsfeier garantieren, ohne dabei ihren Blick von der in Dunkelheit versunkenen Ninive-Ebene abzuwenden, von dort, wo vor einigen Jahren wie aus dem Nichts die Truppen des IS auftauchten.

Während die Gläubigen in der Kirche wieder in einen ihrer Gesänge einstimmen, fällt mir die Frage des Peschmerga-Oberst von heute Vormittag wieder ein: »Weshalb paktiert der Westen mit Staaten wie Saudi-Arabien und den Emiraten, mit deren Geldern doch die Waffen des IS finanziert wurden und werden?«

Indonesien, Mai 2019

Unterschätzter Riese

Nach Einbruch der Dunkelheit füllen sich die Straßen der Stadt. Es ist Ramadan und überall treffen sich die Menschen in den Garküchen, Restaurants und Bistros, um gemeinsam die erste Mahlzeit des Tages einzunehmen. Die Wahlen sind natürlich dabei immer noch ein Thema – es waren die umfangreichsten Wahlen, die es je in diesem riesigen Archipel gab …

Indonesien ist ein Land der Superlative: Es handelt sich nicht nur um den größten Inselstaat der Welt, sondern – hinter China, Indien und den USA – mit über 250 Millionen Menschen auch um den bevölkerungsreichsten. Zudem ist Indonesien auch die größte islamische Nation der Welt.

Die Indonesier wählten gleichzeitig ihren Präsidenten, ihr Parlament und die Regionalvertretungen. 245.000 Kandidaten, verteilt auf fast 18.000 Inseln, stellten sich zur Wahl – Politologen weltweit beurteilten diesen Urnengang als einen der kompliziertesten Wahltage der Weltgeschichte.

Da sich das Staatsgebiet über fünftausend Kilometer erstreckt, wurden die Wahlurnen per Boot, Flugzeug, Motorrad und Elefant eingesammelt. Das Endergebnis werde erst Ende Mai erwartet, hieß es. Dieses Ereignis wurde in der westlichen Presse nur als Randnotiz vermerkt, flankiert von der reißerischen Meldung, wonach mehr als dreihundert freiwillige Helfer beim Auszählen der Stimmen an Erschöpfung gestorben sein sollen.

Ein junger Mann, der ein T-Shirt mit dem Bild des Staatsgründers Sukarno trägt, sucht das Gespräch. »So ein Politiker fehlt uns heute«, seufzt der Geschichtsstudent. Sukarno versuchte einst eine Achse Peking-Pjöngjang-Jakarta zu schmieden, um die Unabhängigkeit seines aus dem niederländischen Kolonialreich entlassenen Staatsgebildes zu gewährleisten.

Dieses Vorhaben stand den Vorstellungen Washingtons entgegen, die Ausbreitung des Kommunismus zu verhindern. In Asien hatte man zu Beginn der 1950er Jahre mit dem Roll back begonnen, in den 1960er Jahren versuchten die USA Nordvietnam in die Steinzeit zurückzubomben, und zwischen 1965 und 1967 inszenierten die CIA einen Staatsstreich in Indonesien, bei dem bis zu drei Millionen Menschen ums Leben kamen. Die starke kommunistische Partei wurde nahezu ausgelöscht, die einflussreiche chinesische Minderheit geschwächt.

Bis 1998, bis zum erzwungenen Rücktritt des prowestlichen Diktators Suharto, durfte nicht über diesen Massenmord und die gewaltsame Machtübernahme durch das Militär geredet werden.

Wie auch Jahrzehnte später in Afghanistan, waren die USA an der Formierung radikaler islamistischer Kräfte beteiligt, die sich später gegen sie selbst kehrten. Sie hatten die Mujahedin und Taliban militärisch aufgerüstet, damit sie die Russen bekämpften. Dann zogen die sowjetischen Truppen aus Afghanistan ab – doch die Warlords kämpften weiter. Bis zum Sturz des »lächelnden Generals«, wie Suharto genannt wurde, stützte sich Washington auf die indonesischen Streitkräfte. Die »special relations« der indonesischen Offiziere zu ihren Verbündeten USA und Australien schlug auch hier ins Gegenteil um, als die UNO Anfang des Jahrtausends die Unabhängigkeit von Osttimor durchsetzte. Die Unabhängigkeitsbewegung in der ehemaligen portugiesischen Mikro-Kolonie sei von den USA wegen einer Marinebasis und der Erdölfunde unterstützt worden, heißt es heute in Jakarta.

In dem Inselstaat, der annähernd so groß ist wie Schleswig-Holstein, leben keine anderthalb Millionen Menschen, von denen die meisten katholisch sind …

Das lebhafte Treiben auf den Straßen von Yogyakartas nimmt kein Ende. Ein kurzer, aber heftiger Regenguss hat keine Abkühlung gebracht, im Gegenteil – die schwülheiße tropische Witterung wirkt noch schweißtreibender. Der Besucher fühlt sich geborgen, inmitten der gastfreundlichen Menschen, die Ausländern mit großer Offenheit und Neugierde begegnen.

»Hier in Zentraljava erleben Sie noch mehr von unserer ursprünglichen javanesischen Kultur, weit mehr als in der 600 Kilometer entfernten Hauptstadt Jakarta, in West-Java, wo der fundamentalistische Einfluss immer stärker wird«, sagt mir eine Kellnerin, die längere Zeit in den Niederlanden gelebt hat. »Ich hoffe nur, dass es bei dem Wahlergebnis keine bösen Überraschungen gibt!«, fügt sie hinzu, während sie Nasi Goreng serviert, das Nationalgericht Indonesiens.

Das Hotel *Phoenix* liegt im Herzen Yogyakartas – nicht weit von der Jalan Malioboro, der Haupteinkaufstraße. Dieses Haus, welches heute wieder als eines der führenden Hotels der Stadt gilt, wurde 1918 eröffnet und fungierte auch als Hauptquartier der japanischen Besatzungstruppen während des Zweiten Weltkrieges, als Präsidentenpalast nach der Unabhängigkeit und Amtssitz von Sukarno, bevor Yogyakarta den Status als Hauptstadt der jungen Republik an Jakarta verlor. Die indonesische Regierung hat einige Journalisten aus Europa eingeladen, um mit unserer Hilfe die ehrgeizige Vision von Präsident Joko Widodo umzusetzen, nämlich Indonesien in ein Tourismusparadies zu verwandeln und zehn neue Balis zu schaffen. Ein Großteil der bisherigen Besucher Indonesiens drängt auf die Trauminsel Bali, während andere Eilande bisher völlig unberührt vom Tourismus sind.

Unabhängig davon, ob der alte Präsident auch der neue ist, wird schon viel Geld in dieses Vorhaben investiert. Flughäfen werden erweitert, Straßen und Häfen gebaut, die ganze Infrastruktur auf den neuesten Stand gebracht. Die Regierung in Jakarta verspricht sich einiges von der Tourismusindustrie, unter anderem die Schaffung zahlreicher neuer Arbeitsplätze und einen Innovationsschub für die peripheren Regionen des Inselreiches. Neun Millionen Touristen wurden 2015 begrüßt, für 2019 erhofft man sich eine Steigerung auf etwa 20 Millionen, also mehr als eine Verdopplung.

Angesichts der zahlreichen Naturschönheiten, der paradiesischen Natur, die noch unentdeckt auf den Inseln schlummert, der kulturellen Vielfalt und der gastfreundlichen Bevölkerung ist diese Vision des Staatsoberhauptes nicht als Hirngespinst abzutun. Allerdings trübten die Ereignisse des vergangenen Jahres, welches den Indonesiern als Jahr der Katastrophen in Erinnerung bleiben wird – was schon etwas heißen mag, in einem Land in dem Naturkatastrophen zum Alltag gehören. So reich beschenkt Indonesien auch mit paradiesischer Natur sein mag, so fürchterlich wüten auch die Naturgewalten. 2018 wurde das Land von einer beispiellosen Serie von Unwettern heimgesucht. Die nationale Behörde für Katastrophenschutz (BNPB) registrierte etwa zweitausend Naturdesaster in jenem Jahr, die rund viertausend Menschenleben forderten und Hab und Gut von drei Millionen Menschen zerstörten.

Vor den geladenen Gästen in Yogyakarta werden die Probleme nicht negiert, sondern darauf hingewiesen, dass Indonesien am pazifischen Feuerring liegt: ein Vulkangürtel, an dem 90 Prozent der Erdbeben weltweit stattfinden. Der Ring ist eine Folge plattentektonischer Verschiebungen. Die Vulkane nahe Indonesien gehören zu den aktivsten im Ring. Seit dem Jahr 2000 wurden in Indonesien über fünfzig Erdbeben und ein Dutzend Tsunamis registriert, wobei der Tsunami von 2004 alle anderen Ereignisse in den Schatten stellte.

2006 wurde Yogyakarta selbst von einem schweren Erdbeben heimgesucht, und es erstaunt mich, mit welcher freundlichen Heiterkeit die Menschen die Gefahren meistern, denen sie durch die geographische Lage ihrer Heimat ausgesetzt bleiben. An den Wänden sind zahlreiche Graffiti zu bewundern, welche Studenten und Künstler geschaffen haben. Kein Vergleich mit dem Geschmiere, welches einem häufig in der Bundesrepublik von den Wänden entgegenspringt. Dort wird Jogja, wie die Einwohner ihre Stadt liebevoll nennen, als »City of Tolerance« gepriesen, um andererseits immer wieder vor den Gefahren des Einflusses des Geldes auf die Politik zu warnen.

So etwas wäre zu Zeiten von Suharto undenkbar gewesen, mag man einräumen und dieses als Fortschritt interpretieren, aber das Phänomen der Korruption, der Günstlingswirtschaft, ja der Einflussnahme großer Konzerne auf die Politik wurden mit dem Sturz des Diktators keineswegs beseitigt.

»Es wäre gut, wenn Obama noch Präsident der USA wäre«, sagt einer der jungen Künstler. »Der konnte sogar etwas ›Bahasa Indonesia‹ sprechen.« Der Mann hat sich den Kopf bis auf eine rot gefärbte Irokesenbürste rasiert. Seine Bemerkungen laden zu Reflexionen darüber ein, wo Obamas wahre Heimat liegt. Kansas, wo ihm die liebevolle Großmutter einst gestand, dass sie sich als kleines Kind noch vor dem »schwarzen Mann« gefürchtet habe, kann es nicht sein. Kenia, von wo Obamas Vater stammte, kann es auch nicht sein, dessen afrikanische Stammesfehden, wie auch das vom britischen Empire hinterlassene Flair, ihm fremd blieben. In das elitär-intellektuelle Milieu der Ostküste hat er sich am Ende erfolgreich eingefügt, aufgrund seiner brillanten Intelligenz, aber auch aufgrund seiner herausragenden sportlichen Leistungen. In Chicago, wo es zu seinem politischen Durchbruch kam, war es gewiss nicht einfach, sich durchzusetzen. In der Welthauptstadt des Kapitalismus – von der Saul Bellow schrieb: »Chicago ist nirgendwo, es hat keine Grundlage« – fühlte er sich bestimmt auch nicht heimisch. Dann vielleicht Hawaii, wo Obama das Licht der Welt erblickt hatte, und wo er den dortigen »Aloha Spirit« in sich aufgenommen hat.

Vier Jahre seiner Kindheit verbrachte Obama allerdings in Jakarta, wohin seine Mutter ihrem indonesischen Ehemann gefolgt war, bevor er wieder in die Staaten zurückkehrte. Genug Zeit allerdings, um den sogenannten Java-Islam kennenzulernen, der auch heute noch spürbar ist – trotz aller Versuche, mit saudischen Geldern die Toleranz, welche Besucher und Einheimische wie eine Duftwolke umgibt, zu unterwandern.

Wie steht es heute um das Zusammenleben der verschiedenen Religionsgruppen?

Um dieser Frage nachzugehen, werde ich nach Bali weiterreisen, Indonesiens begehrtester Touristen-Destination, die 2002 von einem fürchterlichen Terroranschlag heimgesucht wurde, den man in Melbourne als das »australische 9/11« bezeichnet, weil die meisten Opfer vom fünften Kontinent kamen.

Am Morgen vor meinem Abflug nach Bali besuche ich noch die größte buddhistische Tempelanlage der Welt – die Kultstätte von Borobudur in der Nähe von

Yogyakarta. Über 1000 Jahre war der Tempel in Vergessenheit geraten, hatte sich unter der dichten tropischen Vegetation verborgen, bis er erst 1814 wiederentdeckt wurde. Noch vor Sonnenaufgang versammeln sich die Besucher in der Anlage, um den Anbruch des Tages in dieser berauschenden Kulisse zu verbringen. Auf der Spitze ist die Gestalt Gautamas in weltabgewandter Beschaulichkeit dargestellt, flankiert von der wabenförmigen Anhäufung zahlreicher Stupas.

Die Tempelanlage, welche von der hinter dem Vulkan aufgehenden Sonne in goldgelbes Licht getaucht wird, wird von einheimischen und ausländischen Besuchern aufgesucht. Die Javaner huldigen als brave Muslime dem mysteriösen, gleichwohl faszinierenden Erbe ihrer Ahnen, deren Bauten von einer Zivilisation von beträchtlichem Niveau berichten. Reliefs an den Tempelmauern verbreiten Bilder einer hochentwickelten, aber auch dekadenten Welt, die zumindest auf Java verschwunden ist, ebenso wie die hinduistische Kultur, die den buddhistischen Reichen folgte. Wer weiß denn heute noch, dass im 14. Jahrhundert die hinduistische Vajradhara-Sekte an dieser Stelle ausschweifende Orgien zelebrierte, die im krassen Gegensatz zur Weltentsagung des Buddhismus stehen?

Trotzdem nähern sich die muslimischen Javaner dem historischen Erbe mit einer Mischung aus Respekt und Ehrfurcht, ohne die salafistische Bilderstürmerei zu betreiben. Das war mir einige Tage zuvor beim Besuch des hinduistischen Tempels von Prambanan aufgefallen.

Mein Guide begleitet mich zum Flughafen. Auf den gut ausgebauten Straßen geht es zügig voran. Ich berichte ihm anerkennend, dass in den indonesischen Hotels ein bemerkenswerter Service geboten werde, der in Europa und auch in Amerika und Ozeanien aus der Mode gekommen ist. Überhaupt haben die Tage auf Java bei mir einen angenehmen Eindruck hinterlassen. Sicher, immer noch lebt die Bevölkerung überwiegend auf niedrigstem sozialen Niveau, doch wirkliches Elend, wie es auf den Philippinen oder in Indien existiert, ist auf Java selten.

Während des Fluges nach Bali – die Reisedauer von Yogyakarta nach Denpasar beträgt lediglich 90 Minuten – denke ich über das Verhältnis der beiden Inseln nach. Javaner und Balinesen unterschieden sich nicht nur durch ihre Sprache, sondern auch durch ihre Religion. Bali gehört neben Indien, Nepal und Mauritius zu den Regionen auf der Welt, in denen die Mehrheit der Bevölkerung aus Hindus besteht. Es ist das einzige Eiland innerhalb des riesigen Inselreiches, wo die einst dominierende hinduistische Glaubensrichtung heute noch erhalten geblieben ist.

Es ist daher kein Zufall, dass Bali, genauer gesagt der Urlaubsort Kuta, im Jahr 2002 Ziel eines Terroranschlages wurde. Er kostete über 200 Menschen das Leben. In der Mehrheit traf es australische Touristen.

In der balinesischen Hauptstadt Denpasar wurde einige Jahre später der Automechaniker Amrozi, einer der Beteiligten am Bomben-Attentat, unter großem Beifall von Angehörigen der Opfer zum Tode verurteilt. Amrozi, der »lächelnde Bomber«, wie die Medien ihn nannten, machte auf der Anklagebank eher den Eindruck eines Geistesgestörten denn eines kaltblütigen Massenmörders.

Während des amerikanischen Afghanistan-Feldzuges wurde in den Straßen Jakartas das Bild Osama bin Ladens von radikalisierten Studenten wie eine Ikone hochgehalten, doch Amrozi wird wohl kaum zu ähnlichen Ehren gelangen, da er nicht zum Märtyrer taugte. Die wirklichen Strippenzieher der Anschlagswellen, die sich in Indonesien wie auch auf den benachbarten Inseln der Philippinen ausbreiteten – dort kämpft die Islamische Moro-Befreiungsfront seit Jahrzehnten gegen die christliche Regierung von Manila –, werden zwar mit dem Etikett »Jemaah Islamiyah« abgestempelt und in das weltweite Komplott von Al-Qaida eingereiht, blieben für die amerikanischen und australischen Nachrichtendienste unauffindbar.

Ob Bali immer noch dieses tropische Eiland von unvergleichlicher Schönheit ist, von dem Peter Scholl-Latour häufig schwärmte, wenn wir uns in seiner Berliner Wohnung zum Gedankenaustausch trafen?

Von den Auswüchsen des Massentourismus war Bali damals noch weitgehend verschont, der Fremdenverkehr war seinerzeit erst im zarten Aufbau begriffen.

Sicher, es gibt noch dieses Faszinosum Bali, jene Dörfer, in denen religiöse Feierlichkeiten stattfinden, schöne Menschen in traditioneller Tracht, Kokospalmen und exotische Blumen, die Traumstrände am smaragdgrün schimmernden Indischen Ozean – doch nicht in Kuta, wo sich das Taxi jetzt seinen Weg durch die verstopften und engen Straßen erkämpft, vorbei an grell beleuchteten Bars und Fressbuden, wo sich Touristen drängen – überwiegend Australier, Chinesen und Inder.

»Ja, die Australier sind zurück«, sagt Wayan, der abseits der Hauptstraße ein kleines Geschäft betreibt. Wayan ist Anfang fünfzig und verlor 2002 bei dem Anschlag seine Frau. Er hat die beiden erstgeborenen Söhne allein aufziehen müssen. Seine Frau arbeitete als Kassiererin in einem Club, als die Bombe detonierte.

Wir treffen uns vor *Paddy's Bar*, wo im Oktober 2002 die Bombe eines Selbstmordattentäters explodierte. Die aus dem brennenden Inferno Fliehenden wurden von einer zweiten Explosion getroffen. Die Autobombe in einem weißen Mitsubishi Van wurde ferngezündet.

Wayan macht mich auf das Denkmal aufmerksam, welches von der Regierung zur Erinnerung an das Attentat errichtet wurde. Die Namen aller Opfer und deren Nationalität sind dort aufgeführt, 88 von ihnen stammten aus Australien.

»Die ersten Jahre nach dem Anschlag brach der Tourismus völlig ein. Die Tatsache aber, dass die nordaustralische Stadt nur knapp zwei Flugstunden von hier entfernt liegt und Melbourne fünf, hat uns die Gäste aus dem fünften Kontinent wiedergebracht«, berichtet Wayan, der wegen des Attentats und seines persönlichen Schicksalsschlags Muslimen gegenüber keinen Groll hegt.

»Vielleicht kam der Anschlag ja aus einer ganz anderen Ecke als offiziell dargestellt«, meint er.

Ich gehe zum nahen Strand, um dort den Sonnenuntergang zu genießen. An einer Beachbar unterhalten sich überwiegend australische Gäste bei Bier und Barbecue. Die Stimmung ist gelöst, auch wenn das Milieu etwas ruppig wirkt. Es ist die untere Mittelschicht Australiens, die hier vor dem aufziehenden Winter in Victoria und New South Wales Zuflucht sucht.

Aus dem Lautsprecher dringt die *Waltzing Matilda*, die heimliche Hymne Australiens, was die Gäste zum Mitsingen animiert. Vom Indischen Ozean ist jetzt eine leichte Brise aufgekommen.

Australien hatte sich unter dem damals konservativen Premierminister Howard in enger Anlehnung an Präsident Bush als neue Ordnungsmacht im südostasiatisch-pazifischen Raum profilieren wollen. Die Regierung von Canberra war sich anscheinend nicht bewusst, dass sie mit dieser Politik Gefahr lief, Opfer ihrer geographischen Isolation und der Tatsache zu werden, dass die 20 Millionen Australier von knapp einer Viertelmilliarde Muslime in Indonesien als Ungläubige wahrgenommen wurden.

Der Begriff *Darwin Panic* machte 2002 die Runde. Während des Zweiten Weltkrieges attackierte das faschistische Japan 97 Mal Australien. Der Angriff auf Darwin am 19. Februar 1942 war der erste und zugleich der schwerste. Die Australier nannten es ihr Pearl Harbor. Obwohl Darwin ein weniger bedeutendes militärisches Ziel war, wurden mehr Bomben abgeworfen als während des Angriffs auf Pearl Harbor. Wie auch der US-Stützpunkt Pearl Harbor war Darwin nicht auf den Angriff vorbereitet.

Malaysia, Juli 2019

»Wir leben hier zwischen, nicht auf den Bäumen«

Entlang der Uferpromenade reihen sich kleine Bars und Restaurants aneinander. Die an Bäumen befestigten Girlanden erleuchten die Nacht. Unter einigen Palmen demonstrieren ein paar Schüler diszipliniert und konzentriert ihre Taekwondo-Kenntnisse. Die Kinder dürften höchstens zehn Jahre alt sein, unterscheiden sich aber stark in ihrem Auftreten von Gleichaltrigen im Westen.

Eine Reihe von Neubauten ist im Entstehen, Appartements für die wachsende Mittelschicht, neben Hotelbauten und Shoppingmalls. Die Altbauten aus der Kolonialzeit wurden sanft saniert, der Gestank, der in früheren Jahren entlang der Flüsse nicht aus der Nase ging, ist ebenso verschwunden wie die Müllberge.

Kuching wirkt heute sauberer als viele Städte in Europa und Amerika, ohne jene erdrückende Sterilität aufzuweisen, die für Singapur obligatorisch ist.

Ähnlich wie im benachbarten Indonesien ist das Kettenrauchen weit verbreitet, wobei diesem gesundheitsschädlichen Laster überall gefrönt wird. 2018 führte Mahathir Bin Mohamad die Opposition zum Sieg und wurde erneut zum Premierminister gewählt, der er zwischen 1981 und 2003 schon einmal war. Der inzwischen bereits 92-jährige Mahathir war damit der weltweit älteste Regierungschef.

»Vielleicht ist unser Premierminister kein angenehmer Zeitgenosse«, erklärt mir der Kellner in einem Café in der Altstadt. »Aber als die große Wirtschafts- und Finanzkrise über uns hereinbrach, als Spekulanten und Global Players das Finanzsystem zwischen Seoul und Jakarta fast zum Einsturz brachten, da setzte Mahathir seine Macht sinnvoll ein und ignorierte die Drohungen Washingtons, der Weltbank und der angelsächsischen Trusts. »Wir leben hier zwischen, nicht auf den Bäumen.« Der selbstbewusste Kellner studiert Englisch an der Uni und möchte nach dem Studium in der Tourismusbranche tätig werden. Mit diesem Job im Café finanziert er sich die Ausbildung.

Mahathir zählt – ähnlich wie Singapurs langjähriger Staatschef Lee Kuan Yew – zu einer einflussreichen Generation südostasiatischer Staatsmänner, die eine bemerkenswerte wirtschaftliche Entwicklung beförderten. Mahathir regiert autoritär und mit harter Hand, er ist gleichermaßen gefürchtet wie geschätzt. Hilfreich ist ihm dabei, dass Malaysia ein an Bodenschätzen reiches Land ist, zudem über reiche Plantagen verfügt und er sich auf eine mit allen Wassern gewaschene heimische Finanzelite stützen kann. Das Thema der Anfälligkeit von Währungen durch Spekulationen beschäftigt den Premierminister intensiv. Auf einer Konferenz in Tokyo plädierte Mahathir für eine an Gold gebundene Währung für den Handel zwischen den Staaten in der

Region. »Wenn wir uns zusammenfinden möchten, dann sollten wir mit einer gemeinsamen Handelswährung beginnen, die nicht lokal, aber zum Zwecke des Handelsausgleichs verwendet werden sollte. Die Währung, die wir vorschlagen, sollte auf Gold basieren, weil Gold sehr viel stabiler ist.«

Malaysia besteht als föderale Wahlmonarchie aus dreizehn Bundesstaaten, in einem Bundesstaat – zugleich ein Sultanat – war schon vor einigen Jahren eine durch das Edelmetall gedeckte Währung eingeführt worden. Verantwortlich für dieses Experiment war der Vorsitzende von *Kelantan Golden Trade*, kurz KDT, ein gewisser Umar Ibrahim Vadillo. Die KDT brachte damals das erste Kontingent der neuen Währung in Umlauf. Seither gelten in diesem Bundesstaat, der zu den konservativsten Malaysias zählt, Goldmünzen (Dinar) und Silbermünzen (Dirham) als offizielles Zahlungsmittel. »Ich würde es gut finden, wenn wir uns auf diese Weise vom Dollar lösten«, meint Joe, der Taxifahrer, mit dem ich im Stadtzentrum ein Schwätzchen halte. Er ist nicht der Einzige, der die Abhängigkeit von der US-Währung skeptisch sieht.

Im Chinesen-Viertel herrscht um diese Zeit reges Treiben. Im Gegensatz zum benachbarten Indonesien dürfen die Malaysier chinesischer Ethnizität ihre Schrift und Sprache verwenden. Sie machen davon reichlich Gebrauch, wie die Schriftzeichen an den Geschäften ebenso beweisen wie die Gesprächsfetzen, die ich vernehme. In den Seitenstraßen findet man buddhistische und konfuzianische Tempel, neben Moscheen und Kirchen. Die religiöse und ethnische Vielfalt Malaysias prägt auch das politische System.

Die Chinesen wurden im 19. Jahrhundert von den britischen Kolonialherren mehrheitlich als Kulis für ihre Kautschuk-Plantagen verpflichtet und erlangten dabei leitende Positionen in der Finanz- und Geschäftswelt. Die malaiische Bevölkerung setzte sich gegen die Vormachtstellung der *Söhne des Himmels* heftig zur Wehr. Inspirator der antichinesischen Bewegung war übrigens Mahathir Bin Mohamad, der 1970 ein Pamphlet verfasste, welches zum politischen Programm erhoben wurde. Sein Titel: »The Malay Dilemma«.

Heute haben sich die Dinge grundlegend geändert, wenn die Volksgruppen auch eher neben- als miteinander leben. Der Malaien-Markt ist nur wenige Gehminuten vom Chinesen-Viertel entfernt, ist aber eine ganz andere Welt. Auf dem Markt werden traditionelle Kleidung und Gewürze zum Verkauf angeboten.

60 Prozent der Malaysier sind Moslems, unter den Malaien fast alle, denn diese Ethnizität, die die Hälfte der Bevölkerung ausmacht, wird per Gesetz zum Islam verpflichtet. Wie auch in Indonesien kam der Islam durch arabische Kaufleute im 7. Jahrhundert ins Land. Mit der Erweckungsbewegung *Dakwah* in den 1960er Jahren setzte sich eine orthodoxe Interpretation des Islams durch. »Der Islam ist bei uns zwar Staatsreligion«, erklärt mir eine Verkäuferin, die wie die Mehrheit der malaiischen Frauen ein Kopftuch trägt, »aber wir unterscheiden uns doch sehr von der von uns weit entfernten arabischen Welt.«

»Ich bin sehr dankbar dafür, dass unser Premierminister das öffentliche Auspeitschen von zwei Frauen, aufgrund einer Gesetzesübertretung verurteilt hat«, legt sie lächelnd nach, während sie einige Textilien auf ihrem Verkaufsstand platziert.

Sie bezieht sich auf die Worte des Premierministers, der den Vorfall mit den Worten verurteilte: »Dies zeichnet ein schlechtes Bild des Islam.« Die Religion erscheine hart und grausam – und das sei ein Fehler. Andere muslimische Politiker und Würdenträger pflichteten ihm bei.

Anwar Ibrahim, der ehemalige Rivale Mahathirs, mit dem er sich allerdings wieder versöhnt hat, kommentierte die Auspeitschung, die zuvor von einem Lokalpolitiker gerechtfertigt wurde: »Ich bin ein praktizierender Moslem, aber ich teile diese Interpretation nicht.«

Anwar Ibrahim, der in den 1970er Jahren zu den Gründern der islamischen Bewegung in Malaysia ge-

Kuching, Malaysia

hört hatte, betonte, dass er kein Gegner der Scharia sei, »aber man muss sich auf deren höhere Ziele besinnen – auf Erziehung, Sicherheit, Toleranz, Verständnis.«

»Mit Gold- und Silbermünzen hätte ich auch kein Problem«, antwortet die Verkäuferin auf meine Frage. »Im Bundesstaat Kelantan scheint das doch zu funktionieren. Warum nicht überall in Malaysia?«

Ihr Ehemann, der mit der Buchhaltung beschäftigt ist, ergänzt: »Wir leben doch schon im Land des regional praktizierten Goldstandards. Schauen Sie sich doch um. Malaysia hat das Potenzial, gemessen an dem relativ harmonischen Nebeneinander seiner Volksgruppen und Religionen, flankiert von wachsendem Wohlstand und boomender Wirtschaft, dem hohen Bildungsstand. Vor allem aber aufgrund seiner politischen Stabilität könnten wir ein Modell in der Region werden.«

Neuseeland, Mai 2018

»Wir sind die heimliche Hauptstadt Polynesiens«

Wie weit Neuseeland von Europa entfernt ist, wird dem Reisenden nicht erst bei seiner Ankunft in Auckland bewusst. Wenn die Maschine der *Air New Zealand* aus London zur Landung ansetzt, befinden sich die Reisenden aus Europa schon seit rund 24 Stunden in der Luft – unterbrochen von einer etwa zweistündigen Zwischenlandung in Los Angeles, die alles andere als gemächlich verläuft. Denn auch die Transit-Passagiere durchlaufen das obligatorische US-Immigration Prozedere. Und das heißt Security Check, Fingerabdrücke, Formulare ausfüllen und so weiter und so fort. Von L. A. aus sind es dann noch einmal zwölfeinhalb Stunden bis Auckland – eine Stunde länger, als der Flug von London an die Westküste der USA dauert.

Bei der Ankunft in Auckland hat der Reisende also schon drei Kontinente und zwei Weltmeere überquert – von Zeitzonen ganz zu schweigen. Ein quälender Umstand, der vom exquisiten Service gelindert wird. *Air New Zealand* ist auf Langstrecken spezialisiert und weiß darum, was man den Passagieren Gutes tun muss.

Ein französisches Sprichwort lautet: »Die glücklichen Völker haben keine Geschichte.« Neuseeland kann man diesbezüglich als ein glückliches Land bezeichnen, denn nirgendwo startete die menschliche Besiedlung so spät wie in *Down Down Under*.

Während in Amerika (obwohl als »Neue Welt« bezeichnet) die Besiedlung durch asiatische Völker, die über die Beringstraße einwanderten, sich in der Frühphase der Menschheit vollzog und selbst Australien seit Zehntausenden von Jahren von Menschen bewohnt ist, haben polynesische Seefahrer erst im 12. Jahrhundert die Küsten des heutigen Neuseelands entdeckt und sich dort niedergelassen.

»Amerika, du hast es besser«, dichtete Goethe einst. Was hätte er über die beiden Inseln im Südpazifik geschrieben, deren Entdeckung durch die weiße Menschheit sich zwar zu seinen Lebenszeiten vollzog, aber er sie in Weimar wohl nur als Randnotiz wahrgenommen haben wird.

Weshalb die Menschen, die sich Maori nannten, einst von ihrer Heimat – den Inseln der Südsee – aufbrachen, um gegen den Wind zu segeln, ist bis heute unter Wissenschaftlern Gegenstand von Kontroversen. Neuseeländische Ethnologen vertreten die These, dass die Maori einst aufgrund von Überbevölkerung ihre Insel verließen. Wann dies geschah, wissen wir nicht. Bekannt ist lediglich: 1642 setzten niederländische Seeleute ihren Fuß erstmals auf die Insel und nannten sie »Neuseeland«.

Bin ich jetzt wirklich am anderen Ende der Welt angekommen? Diese Frage stellte sich nur rhetorisch, als ich am Flughafen in das Taxi eines indischstämmigen Fahrers springe und die ersten Eindrücke – in diesem Fall eine monotone Industrieparklandschaft – an mir vorbeirauschen lasse. Es herrscht Linksverkehr wie im Vereinigten Königreich – und die ersten Bauten, welche sich aus der frühmorgendlichen Dämmerung schälen, entsprechen dem postmodernen architektonischen Einheitsstil, welcher das bauliche Bild unserer Epoche prägt. Wir passieren angelsächsisch anmutende Häuser, in deren Gärten allerdings subtropische Pflanzen wachsen.

»Neuseeland war nicht meine erste Wahl, aber ein Studium in Australien erschien mir zu teuer, so kam ich hierher«, plaudert der Fahrer. Er lebe seit sieben Jahren in Auckland und sei soeben Vater einer Tochter geworden. »Eine richtige Kiwi«, wie er betont. Jetzt habe er endlich die neuseeländische Staatsbürgerschaft erhalten.

Er stoppt vor einem Hotel in der Queen Street, dem urbanen Herzen der Metropole. Das Gepäck wird von einem ebenfalls indisch-stämmigen junge Mann entgegengenommen, wogegen der Herr an der Rezeption das Licht der Welt in Aserbaidschan erblickte und sich freudestrahlend mit mir über die Sehenswürdigkeiten seiner Heimatstadt Baku austauscht. »Die meisten Menschen hier wissen nicht, wo Baku liegt!« Ich bin fast ein Landsmann von ihm.

Die ersten Eindrücke bestätigen es – Neuseeland ist ein dynamisches Einwanderungsland. Auckland selbst zählt rund anderthalb Millionen Einwohner, ihre Zahl wächst stetig. Rund ein Drittel der Inselbevölkerung drängt sich im Großraum der neuseeländischen Metropole. Rund 50.000 Menschen wandern jährlich nach Neuseeland ein, dass ist den Bedingungen und Bedürfnissen des Arbeitsmarktes geschuldet. Die illegale Einwanderung ist gering, was natürlich auch mit der Insellage (vor allem aber mit der geographischen Abgeschiedenheit) zusammenhängt.

Das Hotel befindet sich in der Queen Street, der quirligen Einkaufsstraße Aucklands, umrahmt von den Hochhäusern des Handels- und Finanzzentrums.

»Das ist auch der einzige Ort im Land, wo etwas urbanes Leben herrscht«, bemerkt ein junger indischer Manager etwas sarkastisch. Auch er lebt erst seit einigen Jahren in Neuseeland. »Dieses Land hat viel zu bieten, es ist aber eher ein Paradies für Babyboomer als für junge Leute«, fügt er hinzu.

Beim Bummel durch die Stadt strahlt die Sonne, und bei dem schönen Wetter wirkt Auckland heiter, ein Hauch von Südsee ist spürbar. Die Palmenblätter bewegen sich sanft im Wind. Das Nebeneinander der Ethnien – Asiaten, Ozeanier, Weiße – wirkt entspannt, die Anzahl der multiethnischen Beziehungen steigt, weit über die Hälfte der Bewohner Aucklands sind inzwischen nichteuropäischer Herkunft. War Neuseeland in früheren Zeiten (Zeiten die noch nicht so lange zurückliegen) dafür bekannt, über eine grauenhafte gastronomische Tradition zu verfügen (was selbst in Großbritannien zum Naserümpfen führte), hat sich durch die Einwanderung und wirtschaftliche Liberalisierung diesbezüglich einiges zum Guten gewendet.

»Wir sind doch die heimliche Hauptstadt Polynesiens«, bemerkt Zana Conningham, die mit ihrem Ehemann Brian zusammen Ausflüge in die Umgebung Aucklands anbietet.

Zana spielt damit auf die Tatsache an, dass im Großraum Aucklands mehr Fidschianer leben als auf den Fidschi-Inseln und mehr Samoaner als auf Samoa. Obwohl ihre und die Vorfahren ihres Mannes von den britischen Inseln kamen, Zana dort sogar ihre Kindheit

Der britische Schatten: Standbild von Winston Churchill in Auckland

verbrachte, fühlen sich beide nicht mit Großbritannien verbunden. »Von mir aus kann man auch unsere Flagge ändern!«, sagt Brian. Der Union Jack steht links oben auf blauem Grund, daneben vier rote Sterne, die das Kreuz des Südens darstellen. Brian hält gewiss den Union Jack für verzichtbar, aber so lange Neuseeland zum Commenwealth gehört, wird die britische Königin auch sein Staatsoberhaupt und die Flagge bleiben.

Zana reflektiert eine Entwicklung, die sich immer stärker durchsetzt. Die Beziehungen zu Australien sind traditionell eng (wobei die Mentalitäten von Auckland und Sydney sehr verschieden sind), doch die zu London werden immer lockerer. Australien hat die Rolle des großen Bruders von Großbritannien übernommen.

Inzwischen hat fast jeder Kiwi Verwandte in Australien, was auch der Tatsache zuzuschreiben ist, dass zwischen Perth und Melbourne deutlich höhere Gehälter gezahlt werden und der dortige Arbeitsmarkt sehr dynamisch ist. Hinter vorgehaltener Hand äußern viele gebürtige Neuseeländer ihren Unmut über das Auftreten vieler britischer Neueinwanderer (deren Zahl seit dem Beginn des Brexit-Prozesses ansteigt). Besonders wenn sie sich benehmen, als würden sie in ihrer Kolonie leben und die Einheimischen seien ihre Heloten.

Trotz aller Nähe, die Canberra und Wellington demonstrativ zur Schau stellen, halten die Neuseeländer eine viel größere Distanz zu den USA, als es die Australier in der jüngsten Vergangenheit zu halten pflegen. Bis heute dürfen mit Atomwaffen bestückte Kriegsschiffe der USA neuseeländischen Häfen nicht anlaufen. Und auch die schon von George W. Bush betriebene antichinesische Politik im Südpazifik fand in Wellington, Neuseelands Hauptstadt, keine Zustimmung.

Auch die Warnungen gewisser US-ThinkTanks vor China finden unter neuseeländischen Experten kaum Anhänger. Helen Clark, von 1999 bis 2008 Neuseelands Premierministerin und von 2009 bis 2017 Leiterin des Entwicklungsprogramms der Vereinten Nationen, stellte klar: »Die überwiegend von Weißen bevölkerten Staaten der Südpazifik-Region und Asiens müssen erkennen und realisieren, dass sie in einer Weltgegend leben, in der alle unterschiedlich sind – und das daher die Verpflichtung besteht, damit vernünftig umzugehen!«

Das war eine Absage an die Politik Washingtons unter Obama, der einen »Pivot to Asia« vollzog, um Front gegen den neuen Hauptgegner China zu machen.

Mobilisiert das die Menschen hier?

Der junge Spanier, der im Bistro gegenüber dem Hotel bedient, gibt mir die Antwort: »Die Kiwis lieben das gute Leben, aber beruflicher Ehrgeiz ist eher unter den Einwanderern, besonders den Asiaten, ausgeprägt!« Er lebt mit seiner Freundin seit drei Jahren in Auckland und wartet auf die Anerkennung seiner in Madrid erworbenen Ausbildung als Physiotherapeut. »Sollten wir etwa in Europa auf bessere Zeiten warten? Sie kennen doch die Arbeitslosenzahlen in Spanien?«

Die Lebensqualität sei sehr hoch in Neuseeland, er verdiene auch mehr als Zuhause. Meine Freundin lasse sich als Hebamme ausbilden.

Auf meine Frage, ob Neuseeland also ein Paradies für Einwanderer sei, überlegt der Spanier einen Augenblick. »Haben Sie vom Fall des belgischen Professors gehört, der an der hiesigen Universität lehrt? Bei einem seiner vier Kinder ist Autismus diagnostiziert worden. Deshalb wurde seine Einbürgerung abgelehnt.« Ein Anflug von Unmut drängt in seine Stimme. »Dieses Land ist offen für Einwanderer, wenn sie gesund, jung und gebildet sind.« Geschenkt bekäme man auch hier nichts.

Die nationale Identität Neuseelands wurde historisch in Schlachten geschmiedet. Nicht auf den Schlachtfeldern der Weltkriege, auf denen die Kiwis wie ihre australischen Nachbarn den Briten zur Seite standen und einen hohen Blutzoll entrichteten. Sondern in den Rugbyschlachten, in denen sich die Maoris durchsetzten.

In den Bars und den Gaststätten am Hafenviertel herrscht reges Treiben. Während die weiße und überwiegend anglophone Bevölkerung – Pakeha genannt – das gute Leben genießt, verraten die Schlangen vor den Luxus-Boutiquen, welche Nationen künftig ökonomisch das Sagen haben werden. Es ist eine überwiegend ostasiatische Kundschaft, ob Einwanderer oder Besucher sei dahingestellt, die hier dominiert.

Unweit der Queen Street ist neben einem Sushi-Restaurant eine Shisha-Bar und Store für Wasserpfeifen. Beides gehört einem gebürtigen Iraker, der Anfang der 1990er Jahre ins Land kam, wie er mir erzählt. Vor der Bar sitzt sein Sohn mit Freunden. Die jungen Männer und Frauen sind junge Kiwis unterschiedlicher Herkunft. »Die neue Regierung, ausgerechnet eine linke

Regierung, plant die Einwanderung zu reduzieren«, sagt der Sohn des Irakers.

Bei seinen Freunden, die überwiegend Labour gewählt haben, hält man diese Überlegung für grundfalsch, nicht nur aus ideologischen Gründen. »Im letzten Jahr ist die Obsternte größtenteils verrottet, weil Arbeitskräfte bei der Ernte fehlten. Das sagt doch wohl alles«, wirft eine junge Frau aus der Gruppe ein. Sie hatte sich als irisch-stämmig vorgestellt. Sie wolle demnächst ihren Freund heiraten, der in Nepal geboren ist.

Mit den Einheimischen, das spüre ich gleich, kann man sich recht ungezwungen über die politischen Verhältnisse und die Veränderungen austauschen, die sich auch in diesem Teil der Welt vollziehen.

Die Politik war hier schon früh egalitär und progressistisch ausgerichtet. So führte Neuseeland als erstes Land der Welt 1893 das Frauenwahlrecht ein. Ein ruppiger Feminismus, weit pragmatischer auftretend als in Europa und den USA, ist bis heute Bestandteil der neuseeländischen Politik.

Der Linksruck des Urnenganges 2017 – die Labour Party hatte 13,1 Prozent hinzugewonnen und kam auf sagenhafte 50 Prozent aller Stimmen –, machte Jacinda Ardern zur Premierministerin. Sie hätte allein regieren können, bildete aber eine Koalition mit der New Zealand First und der Green Party. Neuseeland entwickelt sich zu einem binationalen Staatswesen aus Kiwi und Maori, deren polynesische Sprache neben Englisch als Staatssprache akzeptiert ist. In den wenigen Großstädten herrscht ein kosmopolitisches Lebensgefühl vor.

Die Fähre von Auckland nach Coromandel verbindet die Metropole mit der lieblichen Halbinsel, welche für ihre Naturschönheiten bekannt ist und eine herausragende Rolle in der Geschichte Neuseelands spielt. Vom Fährschiff aus realisiere ich die attraktive, gleichwohl riskante geographische Lage Aucklands am Pazifischen Feuerring – umrahmt von Vulkanen, auf einer schmalen Landzunge zwischen Pazifik und Tasmansee gelegen. Ich treffe auf eine Frau aus der Heimat. Wiebke, 19 Jahre jung, lebt seit 2017 in Neuseeland. Die Hannoveranerin kam direkt nach dem Abitur, wie Tausende anderer junger Bundesbürger im Rahmen des sogenannten *Working Holiday Visa Program* hierher. Das Programm ermöglicht jungen Menschen einen zwölfmonatigen Aufenthalt plus der Möglichkeit, eine bezahlte Tätigkeit in Neuseeland aufzunehmen.

Zusammen mit ihrer französischen Freundin Sophie ist Wiebke wie ich auf dem Weg nach Coromandel. Ihr Blick richtet sich auf die am Horizont versinkende Skyline von Auckland, schweift dann über den türkisfarbenen Ozean zu den zahlreichen Inseln, welche die Reiseroute durch den Haruki Golf prägen. »Ist schon schön hier, nicht?«, fragt sie. »Leider muss ich bald wieder zurück nach Deutschland. Aber nach dem Studium komme ich zurück. Als Meeresbiologin werde ich hier sicherlich gute Chancen haben.«

Ihre französische Freundin ergänzt: »Das Leben ist hier spannungsfreier als in Europa, auch wenn ich hier ein gewisses kulturelles Niveau vermisse. Aber die Natur: unbezahlbar Schauen Sie sich doch um.«

Ecuador, Dezember 2017

»Unsere Zukunft kommt noch ganz sicher«

Als »Perle des Kontinents« wird das koloniale Stadtzentrum von Quito bezeichnet. Nicht zu Unrecht. Barocke Kirchen schmiegen sich an renovierte Altbauten, die in bunter Farbenpracht erstrahlen. 1978 wurde die Altstadt zum Weltkulturerbe erklärt, Quito bereitet sich stolz auf das 40-jährige Jubiläum im kommenden Jahr vor. Die höchstgelegene Hauptstadt der Welt wird von den majestätischen Gipfeln der Anden malerisch umrahmt. Auf der Plaza de la Independencia, dem Unabhängigkeitsplatz, herrscht schon am frühen Vormittag urbanes Treiben. Straßenhändler bieten ihre Waren den vorbeischlendernden Touristen an, Musikanten lassen lateinamerikanische Evergreens erklingen.

Auf einer Bank sitzt ein eleganter älterer Herr und blättert in der Tageszeitung *La Hora*. Als er mich bemerkt, blickt er auf. Wir kommen ins Gespräch. »Schauen Sie mal nach drüben, in Richtung Präsidentenpalast«, fordert er mich auf. Alberto ist ein pensionierter Dozent für Volkswirtschaft, wie ich inzwischen erfahren habe. Ich folge seinem Fingerzeig. Vor dem Palacio de Gobierno, einem imposanten, weiß getünchten Gebäude, weht die gelb-blau-rote Staatsflagge, ein uniformierter Wachmann blickt auf sein Smartphone. »Im Palast ist wieder Ruhe eingekehrt. Unser Staatspräsident Lenín Moreno kann aufatmen, Rafael Correa ist wieder abgereist. Ecuador ist halt nicht Venezuela.« Ich reime mir zusammen, was der Ex-Akademiker mit seinen kryptischen Andeutungen meint.

Bis vor einem halben Jahr war Correa Präsident des Landes, dann hatte er nach zehn Jahren Amtszeit aufgehört – obwohl er dem Land politische Stabilität und auch wirtschaftlichen Aufschwung gebracht hatte. Immerhin wurde in diesem Jahrzehnt erfolgreich die Armut bekämpft. Allerdings führte Correa die politischen Geschäfte ziemlich autoritär, reagierte allergisch auf Kritik und war davon überzeugt, dass einzig richtige

Wandbilder in Quito: durchaus politisch

gesellschaftliche Konzept zu haben. So verwunderte es dann auch nicht, dass er seinen Nachfolger Moreno – er selbst war nach drei Amtszeiten nicht mehr angetreten – schon bald mit Vorwürfen überschüttete: Er würde sein Erbe verspielen. Correa war mit seiner belgischen Frau nach Europa gezogen und feuerte von dort eine Salve nach der anderen auf seinen Parteifreund Moreno, vor wenigen Tagen war er selbst in Ecuador erschienen. Moreno hingegen machte seinen Vorgänger für Versäumnisse und Fehler verantwortlich, die er nun mit Maßnahmen korrigieren müsse.

Diese durchaus auch ideologisch motivierte Auseinandersetzung zwischen zwei links verorteten Politikern, zumindest verstanden sie sich als solche, war keine private Angelegenheit, sondern fand auch Niederschlag in den Parteien und in der Gesellschaft. Es kam zu heftigen Flügelkämpfen in der Regierungspartei Alianza PAÍS, nachdem Correa seinem Nachfolger vorgeworfen hatte, er würde sich der rechten Opposition beugen.

Correa war also hier gewesen. Was die beiden hinter verschlossenen Türen besprochen hatten, stand nicht in der Zeitung, Albertos Bemerkung deutete allenfalls darauf hin, dass der »Cäsarenmord«, also der Versuch eines gewaltsamen Machtwechsels, unterblieben war, mit dem wohl einige gerechnet hatten.

Der Ex-Präsident war, ehe er nach Europa zurückkehrte, nach Panama weitergereist, wo er an die *Organisation Amerikanischer Staaten* (OAS) appellierte, um Druck auf den Präsidenten Ecuadors auszuüben.

»Hintergrund des Spektakels ist natürlich die politische Entwicklung auf dem Kontinent – das Comeback der Rechten«, erklärt mir Maria S., die als Redakteurin bei der staatlichen Tageszeitung *El Telégrafo* tätig ist. »Schauen Sie nur nach Chile. Dort ist dieser grässliche Unternehmer Sebastián Piñera erneut Präsident geworden.«

Maria lädt zu einem Bummel durch La Ronda ein, dem neuen hippen Ausgehviertel der Hauptstadt Quito. »Schauen Sie sich hier um, eine schicke Scheinwelt ist entstanden – für die Reichen und die Touristen.«

Maria verweist auf Galerien und 5-Sterne-Restaurants hinter den Fassaden sanierter Kolonialbauten: »Die lateinamerikanische Rechte drängt zurück an die Macht«, analysiert sie. »Die Wahl Donald Trumps in den USA und die Probleme in Venezuela haben ihr spürbar Auftrieb gegeben.«

Sie redet sich in Rage. »Die Gründe für den Rechtsruck liegen hauptsächlich in der Wirtschaftskrise und deren politischen Folgen – durch den Preisverfall und die rückläufige Nachfrage bei Rohstoffen geriet die anfangs erfolgreiche Umverteilung ins Stocken.«

Wir nehmen in einem Straßencafé Platz. Die Kellnerin nimmt die Bestellung auf.

»Haben Sie den Akzent bemerkt?«, fragt Maria. »Die junge Frau kommt aus Venezuela.«

Angeblich kämen täglich tausende Venezolaner nach Ecuador, sie fliehen vor der Not und weil sie für sich keine Perspektive in dem vorgeblich sozialistischen Land sähen. »Ich habe keine Ahnung, ob das so ist. Ich weiß aber, dass der Lebensstandard in Ecuador deutlich höher ist als in den Nachbarstaaten Peru und Kolumbien. Trotzdem kommen von dort nicht so viele Menschen zu uns wie aus Venezuela. Dass so viele Venezuela

Straßenmusikanten in der Hauptstadt Quito

den Rücken kehren und hierher kommen, ist keine gute Werbung für die politische Linke.«

Ein paar Straßenzüge weiter wartet Fernando vor dem Hotel *Plaza Grande* auf zwei deutschsprachige Touristen. Fernando ist jenseits der sechzig und seit Jahrzehnten als Reiseführer unterwegs, Deutsch hat er einst an einer Jesuitenschule gelernt, wie er mir erzählt. Er ist mit seinem Leben zufrieden. »Ist Quito nicht schön geworden?«, fragt er mich und heischt um Bestätigung. Ich nicke, er freut sich.

Touristen ziehen mit Kameras vor der Brust an uns vorüber. »Seit einigen Jahren ist die Stadt relativ sicher. Lange war Quito wegen der Kriminalität berüchtigt, doch heute kann man sicher bummeln. Zumindest tagsüber.« Er schiebt lächelnd nach: »Wir leben schließlich in Südamerika.«

Auf Ex-Präsident Correa ist er wohl nicht erst nach dessen Stippviste schlecht zu sprechen. »Was mischt der sich hier wieder ein? Der soll gefälligst in Belgien bleiben und die Klappe halten. Man sieht doch in unseren Nachbarstaaten, was passiert, wenn man Revolutionen züchtet.« Und klar ist, wen er damit meint. Peru, Kolumbien, Venezuela …

»Bei uns gab es darum auch keinen Bürgerkrieg und keine Guerilla, sie wird es auch nicht geben. Correa ist abgereist – Ecuador bleibt stabil!« Seine beiden Kunden, die er durch die Altstadt führen wird, kommen auf ihn zu.

»Jaja, so klingen die Zufriedenen«, sagt später ein Straßenhändler, mit dem ich über dieses und jenes rede und dabei auch Fernandos Aussagen erwähne. »Wem es gut geht, der findet auch die Welt in Ordnung.«

»Ist das so schlimm?«, werfe ich ein. »Die Menschen wollen in Ruhe gelassen werden und zufrieden leben, sie wollen Arbeit und ein Dach überm Kopf haben, gesund bleiben, die Kinder aufwachsen und zur Schule gehen sehen …«

»Natürlich«, antwortet der Mann von der Straße und wird philosophisch: Aber könne man zufrieden sein, wenn man wisse, dass es sehr, sehr vielen Menschen nicht so gut geht wie einem selbst? Und wenn einem das bewusst ist, müsse man sich zwangsläufig die Frage stellen: Warum sind die Reichen reich? »Wem gehört das alles hier?« Er holt mit beiden Armen weit aus, als umfasse er die Glaspaläste der Banken und die Firmensitze der internationalen Konzerne, die Kaufhäuser und Hotels, die restaurierten Fassaden der Altstadt mit ihren Geschäften und Restaurants. »Vornehmlich den den Nachfahren der einstigen Kolonisatoren. Nicht den zwei Dritteln der Einwohner, deren Wurzeln in Südamerika liegen.«

Das trifft zu. Auch in Ecuador rangieren die Indigenen am unteren Ende der sozialen Hierarchie. Aber, und da leuchten die Augen des Straßenhändlers, er sei davon überzeugt, dass es nicht für immer und alle Zeit so bleiben müssen. »Unsere Zukunft kommt noch ganz sicher.«

PS Im Frühjahr 2020 wurde Ex-Präsident Rafael Correa in Abwesenheit mit weiteren neunzehn Angeklagten wegen Bestechlichkeit zu acht Jahren Haft verurteilt. Er bekam in Belgien politisches Asyl.
Sein Nachfolger Lenín Moreno suchte den Schulterschluss mit der reichen Elite des Landes, wurde im Frühjahr 2021 aus der von ihm und Correa gegründeten Partei Alianza PAÍS ausgeschlossen und trat wegen mangelnder Erfolgsaussichten nicht mehr zur Präsidentenwahl an. Moreno veranlasste u. a. 2019 den Rauswurf Julian Assanges aus der Botschaft Ekuadors in London. Gegenwärtig ermittelt die Staatsanwaltschaft in Quito gegen Moreno in der Causa »Panama-Papers«.

El Salvador, Oktober 2017

In der gefährlichsten Stadt der Welt

Vor dem Hotel Sheraton, einem der besten Häuser der Stadt, stehen bewaffnete Polizisten mit Maschinenpistolen im Anschlag. *Policia del Turismo* nennt sich die Einheit, Touristen-Polizei. San Salvador (»Heiliger Erlöser«), Hauptstadt von El Salvador (»Der Erlöser«), dem geographisch kleinsten Staat Mittelamerikas, gilt als gefährlichste Stadt der Welt. Nirgendwo werden mehr Menschen Opfer von Gewaltverbrechen wie hier.

»Jaja, die Gangs«, murmelt Roberto Caledonio. Der 43-Jährige ist Architekt, verdient aber seinen Unterhalt als Tourguide. »Ich benutze jeden Tag öffentliche Verkehrsmittel und komme auch sonst viel in der Stadt herum, aber mir ist bisher weder ein Mitglied einer Gang begegnet noch wurde ich Zeuge eines Überfalls.«

Aber die Statistik?!

Er zuckt mit der Achsel.

Ich weiß nicht, ob er so reagiert, um mich zu beruhigen oder ob es wirklich so ist. Lese ich daheim die Lokalpresse, gewinnt man man auch den Eindruck, als gliche Berlin Sodom und Gomorrha. So ist das mit der Wirklichkeit und ihrer Widerspiegelung in der Presse.

El Salvador ist so groß wie Hessen, zählt aber so viele Einwohner wie Bayern, etwa sechseinhalb Millionen. Das Land liegt nicht nur am Pazifik, sondern auch in einem Erdbebengebiet. Nicht minder häufig wird es durch politische Beben erschüttert, in deren Folge es zu bewaffneten Auseinandersetzungen kommt. Nach einem Putsch 1979 – die Militärs fürchteten, dass der Sturz des Diktator Somozas im benachbarten Nicaragua Schule machen könnte und errichteten darum ihre eigene Diktatur – kam es zu einem Bürgerkrieg, der bis 1991 dauerte und etwa 75.000 Menschen das Leben kostete.

Vermutlich war die Bilanz deshalb so verheerend, weil die USA das Militärregime mit Waffen, Beratern und sogar Soldaten unterstützten. Gegner war die *Frente Farabundo Martí para la Liberación Nacional* (FMLN), die Nationale Befreiungsfront Farabundo Martí: ein Bündnis überwiegend linker Kräfte. 1992 streckte es die Waffen, nachdem ein Waffenstillstand den Bürgerkrieg beendet hatte. Gewinner war die rechtskonservative *Alianza Republicana Nacionalista* (ARENA), die bis 2009 stets den Präsidenten stellte. Die sozialen Probleme blieben unverändert bestehen, Korruption und Menschenrechtsverletzungen dauern an, El Salvador ist wie kaum ein anderes Land in Lateinamerika mit den USA verbunden.

Man kann sagen: Es ist ein treuer Vasall Washingtons.

Caledonio wiegelt ab. Ja, es gebe Probleme mit den Maras, wie die in Nord- und Mittelamerika operierenden Banden heißen. Sie sind grenzüberschreitend zusammengeschlossen, zählen geschätzt bis zu 100.000 Mann. Die besonders aggressive Mara Salvatrucha soll in El Salvador ihren Ursprung haben …

»Touristen sind davon nicht betroffen, die Massaker finden in den Armenvierteln statt«, sagt Roberto Caledonio und lädt mich zum Beweis zu einem Bummel durch die Innenstadt ein. Der Tagesdurchschnitt liegt bei vierzehn Toten am Tag. Anfang 2017 meldeten die Nachrichten den ersten Tag ohne Mord, seit es den Polizeibericht gibt.

Vor Besuchen in der Stadt rät selbst das US-Außenministerium seinen Landsleuten dringend ab, das Auswärtige Amt in Berlin hat auf seiner Webside Sicherheitshinweise platziert.

Wir fahren mit dem Bus in Richtung Zentrum. Wie überall auf der Welt befinden sich die besseren Viertel am Rande und, soweit vorhanden, auf den Hügeln rund um die Stadt, in der es laut ist und schwer erträglich.

Der majestätisch von Wolken umrahmte Vulkan Boqueron, an dessen Ausläufern sich das Stadtgebiet erstreckt, ist von jedem Punkt der Metropole aus sichtbar. Der Verkehr wird dichter, die Architektur verändert sich. Statt moderner Neubauten, palmengesäumter Alleen und Blumenrabatten tauchen jetzt heruntergekommene Straßenzüge mit Kolonialbauten auf, die von Menschenmassen überquellen. An einer Straßenkreuzung stehen bewaffnete Soldaten, die ihr Gesicht hinter Sturmhauben verbergen.

Erst vor wenigen Wochen waren in einer landesweiten Razzia mehr als fünfhundert Gang-Mitglieder verhaftet worden. An eine Hauswand hat jemand gesprüht: »Christian Poveda es inmortal« – »Christian Poveda ist unsterblich«. Poveda war ein französisch-spanischen Filmemacher und Fotograf, der 2009 außerhalb der Hauptstadt ermordet wurde. Ein Racheakt: Er hatte einen Film über kriminelle Gangs produziert.

Vielleicht hatte er sich zu intensiv mit der Mara 18 auseinandergesetzt und damit die Konkurrenten Mara Salvatrucha düpiert oder umgekehrt, das wurde ebenso wenig ermittelt wie die Täter. Mara 18 und Mara Salvatrucha sind jedenfalls die beiden Gangs, die sich seit über zwanzig Jahren in El Salvador und in den Nachbarstaaten blutig bekriegen. Der Konflikt begann in den 1980er Jahren in den Ghettos und Vierteln in Südkalifornien, in denen sich Menschen niederglassen hatten, die vor dem Bürgerkrieg aus San Salvador geflohen waren. Nachdem in El Salvador ein Waffenstillstand ausgehandelt worden war, schoben die USA die Flüchtlinge ab. Das instabile Land am Pazifik war idealer Nährboden für Kriminelle, Waffen gab es in Hülle und Fülle, die bittere Armut trieb den Gangs die Jugendlichen geradezu in die Hände. Der salvadorianische Journalist Oscar Martinez hat die Ursachen der Bandenkriminalität und deren Folgen in seinem preisgekrönten Buch »Eine Geschichte der Gewalt. Leben und Sterben in Zentralamerika« (2016 bei Kunstmann) behandelt.

Roberto Caledonio, der Architekt und Stadterklärer, lädt mich in eine Bar ein. Junge Männer lungern am Tresen herum und trinken Bier. Einige spielen Billard. Aus den Boxen dröhnt Musik.

Roberto begrüßt den Inhaber der Bar. »Meine ganze Familie lebt in Seattle, im pazifischen Nordwesten der

Obststand in San Salvador. Glückliche Menschen? Die Geburtenrate ist niedriger als in den Nachbarstaaten und liegt bei 1,9. Abtreibungen sind streng verboten

USA, scheiß auf L.A., ich sag dir, Seattle ist *The place to be*«, plappert der sofort los. Er habe zwar eine Greencard, sagt der Mann, der sich mir als Antonio vorgestellt hat. »Aber ich kann nicht zurück, weil ich dort 40.000 Dollar Schulden habe«, grinst er. »So ist das Leben.«

Das Lachen in El Salvadort ist immer eine Mischung aus Fröhlichkeit und Wehmut, wie mir scheint.

»Ich war der beste Barkeeper zwischen San Franciso und der kanadischen Grenze«, redet er ohne Pause weiter. »Sogar Bill Gates war mal mein Gast. Sah der vielleicht aus: wie ein Penner. Aber gutes Trinkgeld gab er.« Sofort springt er von seiner ruhmreichen Vergangenheit in die vermeintlich glückliche Gegenwart.

»In El Salvador lebst du nicht schlecht. Die Menschen sind nett, das Land ist schön. Fahr doch mal raus, schau dir die Vulkane an, die Küste, den Regenwald … Wo findet man das auf so engem Raum?«

Roberto schiebt einen Dollar über den Tresen. Das deute ich als Signal zum Aufbruch. Der Dollar ist das offizielle Zahlungsmittel in El Salvador. Er sieht meinen Blick. »Es war ein Fehler, dass wir unsere eigene Währung aufgegeben haben!« Und kleidet seine Kritik vorsichtshalber in eine rhetorische Frage: »Sind wir denn eine Kolonie der USA?«

Er sei links erzogen und sehe sich als Linker.

Was verstehe er darunter, möchte ich fragen, aber fürchte eine Antwort, die so diffus ist wie der Nebel, der aus dem Regenwald steigt. Deshalb verkneife ich sie mir. Ich bin nicht Gesinnungspolizist.

»Während des Bürgerkrieges schickten mich meine Eltern auf das französische Gymnasium. Dort lernte ich mit den Kindern der Oligarchen und der ultrarechten Eliten des Landes. Manchmal besuchte ich einen Klassenkameraden, dessen Vater ein General war.«

Das Gymnasium war gewiss nicht billig, erkundige ich mich vorsichtig.

»Mein Vater war Bauunternehmer«, sagt Roberto. »Nach dem Ende des Bürgerkriegs wurde viel gebaut. Dann kam im Januar 2001 das große Erdbeben, bei dem fast tausend Menschen starben und über hunderttausend Häuser völlig zerstört wurden. Wieder füllten sich die Geschäftsbücher meines Vaters. Doch 2003 verunglückte mein Vater tödlich. Von da an ging es mit der Firma bergab, ich war Architekt, nicht Bauunternehmer …« Seither sei er nur noch im Tourismus tätig. »Wie soll ich da kein Optimist sein. Mit der Branche geht es weltweit aufwärts. Auch hier?« Sein Lachen, finde ich, hat seinen sarkastischen Unterton.

Auf einer Straße in El Salvador

Die Machete ist immer dabei – junger Mann unterwegs

Wir schlendern durch die Straßen, vorbei an unzähligen Geschäften, in denen sich die Waren in den Auslagen und auf den Tischen stapeln. Die Flaneure, diese Gringos, werden freundlich gegrüßt. Alle Fremden heißen Gringos. Ihre Zahl ist in der Innenstadt überschaubar. Die Touristen besuchen lieber die zahlreichen landschaftlich reizvollen Regionen außerhalb der Hauptstadt, wie Roberto beklagt.

Die Mehrzahl der Einwohner sind Mestizen. Indigene Gesichtszüge sieht man selten – im Unterschied etwa zum Nachbarstaat Guatemala. Die indigene Bevölkerung fiel einem Völkermord zum Opfer, der in der Weltöffentlichkeit vergessen ist.

Rund zehntausend Indios hatten sich zu Beginn der 1930er Jahre erhoben. Ihre Siedlungen waren daraufhin von Militär, Polizei und Bürgerwehren systematisch eingekreist und ihre Bewohner niedergemetzelt worden. In Taculpa zum Beispiel ließ ein Oberst Franco Rivas Maschinengewehre vor den Indio-Hütten in Stellung bringen, die Strohdächer anzünden und jeden, der sich aus den Flammen zu retten suchte, niederschießen, gleichgültig ob Mann, Frau oder Kind. In Kolonnen von fünfzig Mann wurden im ganzen Land Gefangene abgeführt, abgeurteilt oder gleich an die Wand gestellt. Seither gibt es kaum noch Indios in El Salvador. Überlebende verleugneten ihre Abstammung, legten ihre traditionellen Gewänder und Gebräuche ab, behaupteten sogar, ihre Sprache nicht mehr zu kennen, sagten Fremden nicht mal mehr ihren Namen. Bei der »Matanza«, dem großen Schlachten vom Januar 1932 in El Salvador, starben etwa 30.000 Menschen …

Mein Begleiter macht mich auf ein Problem aufmerksam, dass keineswegs lokaltypisch ist, wie ich ihm versicherte. Es findet überall auf der Welt statt, wo der kapitalistische Konsumterror tobt: An den Peripherien der Städte werden Supermärkte und Malls errichtet. Diese machen die Geschäfte in den Innenstädten tot.

»Jetzt zeige ich dir noch das Grab von Óscar Romero, den wahren Nationalhelden von El Salvador«, sagt Roberto und läuft in Richtung Kathedrale.

Der Erzbischof von El Salvador, prominentester Befreiungstheologe und entschiedener Gegner der Militärdiktatur, war am 24. März 1980 bei der Predigt von einem Scharfschützen vor dem Altar erschossen worden. Den Befehl hatte Major Roberto D'Aubuisson

Arrieta, stellvertretender Geheimdienstchef, erteilt, ein an einer Militärakademie in den USA ausgebildeter Militär.

Óscar Romeros Engagement für die verarmte und entrechtete Landbevölkerung und gegen die wenigen reichen Familien, die das Land beherrschten, machten ihn zum Volkstribun. »Mi amor es el pueblo«, lautete sein Wahlspruch: »Meine Liebe gilt dem Volk«.

Vor seinem Grabmal stehen andächtig viele Menschen, alte und junge Männer und Frauen. »Auch siebenunddreißig Jahre nach seiner Ermordung bleibt er im Volk unvergessen«, flüstert Roberto. »Er war der wahre Erlöser von El Salvador.«

Nun ja, der internationale Flughafen von San Salvadort trägt seit 2014 seinen Namen, 2015 sprach ihn Papst Franziskus selig, der namentlich bekannte Mordschütze Álvaro Rafael Saravia ist nach wie vor auf freiem Fuß. Der Mann, der den Befehl zum Todesschuss gab, starb 1992, ohne dass jemals Anklage gegen ihn erhoben worden ist.

Sieht so »Erlösung« aus?

Cleveland/Ohio, Juni 2017

»Trump bringt uns das Geld zurück«

Viktorianische Holzhäuser neben Industriebauten aus dem 19. Jahrhundert, kleine Geschäfte, Restaurants und Bars, Fußgänger, die vor Schaufenstern verweilen. Ohio City nennt sich dieser Stadtteil von Cleveland, vor dem Besucher früher gewarnt wurden – mit dem Begriff »Inner City Area«, welcher in den USA lange Zeit Synonym für Gewalt, Gefahr, Kriminalität und Niedergang war. Doch hier in Cleveland lässt sich ein Trend beobachten, der in den USA immer stärker wird: die Revitalisierung von Downtowns und Midtowns – der innerstädtischen Quartiere, die jahrzehntelang dem Niedergang und dem Verfall preisgegeben waren, als Amerika noch von Suburbia träumte, von lauter kleinen Einfamilienhaus-Siedlungen, die in die Landschaft hineinwuchsen.

Anfangs war das auch so gewollt. Ein eigenes Häuschen gehörte zur Grundausstattung des US-Mittelstandes, jeder wollte eins haben – und die Automobilindustrie wollte auch am Bauboom partizipieren und war erpicht auf möglichst viele achtspurige Super-Highways, auf denen die Pendler rasch zu ihren Arbeitsplätzen in der Stadt und abends wieder nach Hause kamen.

The American Way of Life lag auf dem Asphalt. Jedem Mann und jeder Frau ein eigenes Auto mit einem Carport im Vorgarten des eigenen Hauses – dieses Ideal wurde mit der Werbung direkt oder auch indirekt ins amerikanische Hirn gepflanzt. Bis diese Blase platzte – weil die Häuser zumeist nur auf Pump gebaut waren und die Banken das von ihnen verliehene Geld nicht mehr einfordern konnten, da die Kreditnehmer pleite waren. Nun gingen auch die Banken krachen, die sich verspekuliert hatten.

Aber auch ungeachtet dieser ruinösen Entwicklung hatten die Städteplaner und Soziologen begriffen, dass die Zersiedlung der Landschaft auch zur Vereinzelung und Entfremdung beitrug. Städte waren nicht nur zum Konsum, sondern auch zur Kommunikation wichtig. Der französische Soziologe Henri Lefebvre zum Beispiel hatte Ende der 1960er Jahre den Begriff der »verdichteten Unterschiedlichkeit« geprägt und damit gemeint, dass in einer idealen Stadt verschiedene Menschen zusammenkommen sollten. Ob reich oder arm, ob bürgerlich oder alternativ – sie sollten sich austauschen können, sich wechselseitig bereichern und gemeinsam verhindern, dass die Städte sich entvölkerten, aussterben würden, weil alle draußen in ihren Eigenheim hockten.

Cleveland in Ohio war so eine *shrinking city*, eine schrumpfende Stadt im Mittleren Westen der USA. Dort war die Zulieferindustrie für den Automobilbau tätig, sie brummte, so lange die Fließbänder liefen. Doch mit wachsender Globalisierung kauften auch die Autokonzerne auf der Welt ein, wo es diese Teile noch preiswerter gab als in Cleveland. Je niedriger die Einkaufspreise desto größer die Gewinnmargen beim Autoverkauf. Kapital handelt nie patriotisch, sondern immer profitabel.

Cleveland gehörte zu den Städten, in denen eine Art Monokultur herrschte. Als die Zulieferei für die nationalen Autobauer wegfiel, wuchsen Arbeits- und Hoffnungslosigkeit. Aus der Industrieregion im Nordosten der USA – entlang der Großen Seen von Chicago über Detroit, Cleveland, Cincinnati und Pittsburgh bis an die Ostküste – wurde sukzessive ein »Rostgürtel« (Rust Belt), aufgrund der vielen zwangsweise stillgelegten, rostenden Industriebetriebe. Der Strukturwandel – Rückgang von Schwerindustrie und Bergbau – tat ein Übriges.

Und mittendrin Cleveland in Ohio.

Der Cuyahoga River durchschneidet Cleveland und fließt dann in den Eriesee. Seit dem 19. Jahrhundert war er eine Kloake, in welcher Öl, Chemieabfälle, Tierabfälle von Schlachtereien und sonstige brennbare Abfälle trieben. Mehrmals brannte der Fluss, auch 1969 wieder einmal. Erstmals aber wurde diese katastrophale Umweltverschmutzung publik. Sarkastisch schrieb die Presse, dass es ein Gewässer sei, in dem man »nicht ertrinkt, sondern verfault«.

Und dazu der wirtschaftliche Niedergang mit all seinen Begleiterscheinungen: soziale Verwerfungen, Drogenkriminalität, gesellschaftliche Konflikte und Auseinandersetzung bis hin zu Rassenunruhen. Die Weißen, die es sich leisten konnten, zogen weg.

»Die Abwanderung ist gestoppt, es kehren sogar einige wieder zurück«, erzählt mir die Versicherungsmaklerin Susan, die seit drei Jahren wieder in ihrer Geburtsstadt Cleveland lebt. »Irgendwann habe ich es in New York City nicht mehr ausgehalten. Ich wollte mehr vom Leben, als nur in einem Schuhkarton in Manhattan zu existieren. In Cleveland kann man recht günstig Wohnungen kaufen, das Leben ist entspannter, die Menschen hier im Mittleren Westen sind freundlicher, nicht nur auf der Jagd nach dem schnellen Dollar wie an der Ostküste.«

Sie redet auf mich ein, als wolle ich bei ihr eine Wohnung oder ein Häuschen kaufen. Allerdings nehme ich ihr Angebot gern an, mir die *Market Garden Brewery* zu zeigen. Angeblich werde dort das beste Bier in der ganzen Region gebraut. Sie steckt mir einen Flyer zu, aus dem hervorgeht, dass die Brauerei nicht nur Bier braue, sondern auch das diesjährige *Gay Pride Festival* unterstütze. »So etwas wäre früher undenkbar gewesen. Der Mittlere Westen ist nicht mehr die Heimat der Hinterwälder und Rednecks, wie die Leute an den Küsten glauben.« Rednecks, also Rotnacken, war einmal eine abfällige Bezeichnung für arme weiße Landarbeiter, denen die Sonne den Nacken verbrannt hatte.

»Wir sind auch kein *Flyover State*, also ein Land, über das man besser nur hinwegfliegen solle, weil es dort nichts zu sehen oder zu tun gebe.« Susan legt sich richtig ins Zeug. Sie zückt ihr Handy und macht ein Selfie mit der Markthalle im Hintergrund, die seit 1840 existiert und nun in restauriertem Glanz erstrahlt. Das werde sie ihren Freunden in New York schicken, sagt sie.

Im West Side Market treffen wir Nour aus dem Libanon. »Wir leben seit 1989 in den Staaten«, erklärt sie mir am Stand, wo sie und ihr Mann Lebensmittel aus dem Mittelmeerraum anbieten. »Cleveland ist okay, die Menschen sind nett«, sagt sie und bestätigt den Eindruck, den Susan vermittelt hat. »Allerdings«, und da ist sie bestimmt ehrlich, denn sie hat vermutlich schon mehr von der Welt gesehen als die übersprühende Maklerin, »man ist hier ziemlich weit weg von der Welt. Dass es auch noch etwas anderes außer Amerika gibt, merkt man hier kaum. Nicht einmal Islamfeindlichkeit gibt es hier.« Dabei lächelt sie. »Das fehlt mir nicht.«

Der aktuelle Präsident der USA ist im Vorjahr in Cleveland auf einem Konvent der Republikaner zum Kandidaten für das Weiße Haus nominiert worden. Ich frage Mike, der Soziologie studiert und sich am Stand eines ungarischen Metzgers seinen Lebensunterhalt verdient, ob er etwas davon mitbekommen habe. »Und ob«, sagt er und zeigt mir die Zähne. »Da war vielleicht was los! Und dann bei den Wahlen. Cleveland war immer eine demokratische Hochburg, aber im Mittleren Westen hat Trump die meisten Stimmen erhalten. Nicht weil hier nur dumpfe Rassisten leben, sondern weil man uns in Washington, New York und L.A. vergessen hat.« Und während er Salamischeiben sortiert, sagt er noch: »Trump ist ein Produkt des Turbo-Kapitalismus. Er hat vom wirtschaftlichen Niedergang großer Teile der Gesellschaft profitiert. Und von der Furcht des

Mittelstandes vorm sozialen Abstieg. Jetzt aber setzt die Katerstimmung ein, weil viele begreifen, dass sie aufs falsche Pferd gesetzt haben. Sie glaubten, Trump bringe ihr Geld und ihr altes Leben zurück.«

Andere »Pferde« waren auch nicht besser, denke ich mir und unterbreche Mike nicht. Ich nicke ihm aufmunternd zu. »Jetzt will niemand mehr Trump gewählt haben, die Leute schämen sich«, sagt er. Nun ja, ich habe nicht den Eindruck, dass dies sehr viele tun. Die Umfragewerte für Trump sind noch immer beachtlich.

Ein junger Lieferant im Blaumann, den ich in der gleichen Sache befrage, bleibt mir die Antwort schuldig, ob er Trump gewählt habe und rühmt die Vergangenheit. Er sei in einer »guten, weißen Nachbarschaft« aufgewachsen, sein Vater habe drei Autos besessen – er selbst könne sich nur noch einen Wagen leisten. Der *American Dream* sei wohl ausgeträumt.

In den 1990er Jahren hatte Präsident Clinton der Stadt ein Investitionsprogramm verpasst und etliche Millionen für den Strukturwandel ausgegeben. Cleveland wurde anschließend mit dem Titel »New American City« geschmückt. Aus jener Zeit stammen Bauten und Einrichtungen, von denen Cleveland vor allem im Tourismusbereich profitiert. Die Ruhmeshalle des Rock'n'Roll, diese Hall of Fame am Ufer des Eriesee, hat Ieoh Ming Pei entworfen, sie erinnert mich sehr an die Glaspyramide vorm Louvre in Paris und an den gläsernen Anbau am Deutschen Historischen Museum in Berlin. Was Wunder: auch die sind von dem Chinesen.

Vor der *Rock and Roll Hall of Fame* blättert der schwarze Wachmann Michael während seiner Mittagspause im Boulevardblatt *USA Today*. »Wie denkt man eigentlich in Europa über Trump?«, fragt mich der 43-Jährige interessiert.

Ich antworte diplomatisch, denn wenn's nur Trump-Gegner gäbe, säße der Mann nicht im Weißen Haus.

»Weißt du, irgendetwas ist anders«, sagt er, ohne konkret zu nennen, *was* anders sei, und ob das Andere besser oder schlechter ist. »Ich war von Obama enttäuscht, er hat nichts für uns getan – wir Schwarze haben es heute genauso schwer wie vor seinem Amtsantritt. Und Hillary Clinton ging gar nicht.«

Alles klar, ich weiß Bescheid.

Und, nun frage ich doch nach, was habe sich verändert, was meine er damit, dass »irgendetwas« anders sei.

»Die Menschen zögern heute, ihre politische Meinung zu äußern. Ich weiß nicht, ob es Angst ist, vielleicht nur Verunsicherung …«

Ich ahne mehr als ich verstehe, was er damit sagen will. Michael schwenkt um: »In Cleveland bist du am richtigen Ort, am Puls Amerikas, hier spürst du, wie das Land tickt – nicht am Rodeo Drive in LA oder am Times Square in New York City. Cleveland hat Geschichte geschrieben, amerikanische Geschichte.«

Hm, das verstehe wer will.

Ich spaziere wenig später am Ufer des Eriesees entlang. Er ist größer als Mecklenburg-Vorpommern. Irgendwo dahinten, in vielleicht hundert Kilometern Entfernung, schwappt sein Wasser über die Niagarafälle in den Ontario, dem letzten der fünf Großen Seen Nordamerikas. Das Wasser floss dort schon, als noch die Ureinwohner unter sich waren. Dann kamen die Eroberer aus Westeuropa und schlachteten nicht nur die Büffel, sondern auch die, die von ihnen existierten. Um 1500 lebten schätzungsweise fünf bis sieben Millionen Indianer hier. Nach 500 Jahren Kolonisierung war es nur noch eine Viertelmillion. »Winning of the West« wird seither in der Nationalgeschichte der USA glorifiziert, auch ich wuchs mit den Western aus Hollywood auf.

Die Wissenschaft kennt den physischen, den biologischen und den kulturellen Völkermord. Im Dezember 2009 entschuldigte sich Präsident Barack Obama im Namen des amerikanischen Volkes bei den First Americans für »viele Beispiele von Gewalt, Misshandlung und Vernachlässigung«, eine »schlecht durchdachte Politik« und »amtliche Verwüstungen«.

Das Wort »Genozid« kam ihm nicht über die Lippen. Auch sein Nachfolger sprach dieses Wort nicht aus.

Ein Reisebus entlädt seine Fahrgäste. Es sind Tagestouristen aus dem ländlichen Ohio, Mennoniten, wie an der Kleidung zu erkennen ist. Sie schauen über die unendliche Weite des Sees. »Irgendwo dahinten ist Kanada«, ruft eine Frau, und fast klingt es so, als wäre es das Gelobte Land.

Jedenfalls irgendwie anders.

Iran, Juli 2016

»In welcher Hälfte leben wir?«

Im Restaurant Ark, einem der angesagten Treffpunkte in Jolfa, dem armenischen Viertel der iranischen Stadt Isfahan, unterhält Hossein seine Gesprächspartner mit Anekdoten seiner zurückliegenden Europareise. In Oslo besuchte er abends allein eine Kneipe: »Nach ein paar Minuten kam so ein bulliger Typ auf mich zu, ein Norweger, und fing an, mich zu beschimpfen. Irgendetwas Ausländerfeindliches, so nach dem Motto: ›Verpiss dich, du Araber.‹ Ich antwortete ebenfalls mit Beschimpfungen, auf Farsi. Wenig später tranken wir zusammen, unterhielten uns die ganze Nacht. Vor ein paar Wochen war der Norweger hier zu Besuch im Iran und war begeistert. Jetzt sind wir Freunde.«

»Warst du geschockt, als Ausländer beschimpft zu werden?«, erkundigt sich ein Mädchen in der Runde. Sie ist eine Schönheit mit grünen Augen, eine kastanienbraune Haarsträhne, die aus dem lässig getragenen Kopftuch quillt, hängt in ihr hübsches Gesicht.

»Nein«, antwortet Hossein. »Ich war beleidigt, weil er mich als Araber bezeichnet hat!«

Die Runde lacht, nicht brüllend, aber vernehmlich. Vielleicht sogar ein wenig höhnisch. Sie kennen das. Im Westen unterscheiden die meisten Menschen nicht zwischen Persern und Arabern. Das verletzt ihren ausgeprägten Nationalstolz. Iraner sind weder sprachlich, kulturell noch ethnisch der arabischen Welt zuzurechnen. Man sprich Farsi, nicht Arabisch, und der Islam brauchte Jahrhunderte, um sich durchzusetzten, allerdings die schiitische und nicht die sunnitische Strömung. Weltweit sind elf Prozent aller Muslime Schiiten. Während diese Glaubensströmung in der islamischen Welt meist in der Minderheit ist, stellt er im Iran die Mehrheit dar. Der Iran ist darum der größte schiitische Staat der Welt.

Hossein ist gerade von einer Trekking-Tour aus dem Zagros-Gebirge zurück, wo er eine Gruppe von Touristen aus Deutschland und der Schweiz durch die majestätische Gebirgswelt im Süden des Iran geführt hat. »Ich bin zwar aus Teheran, doch in den Bergen fühle ich mich zu Hause«, berichtet der Enddreißiger, der seine langen Haare zum Zopf gebunden hat. Er stammt aus einer Familie von Bergsteigern. Im Iran ist das Bergsteigen Nationalsport. Wie schon seine Vorfahren übt er diesen Sport als Beruf aus.

Am Nebentisch sitzt Juliette Baums, sie ist Inhaberin des im rheinland-pfälzischen Gerolstein ansässigen Unternehmens *Nomad-Reisen*. Sie reist regelmäßig nach Iran reist, um mit ihren Guides vor Ort neue touristische Pfade zu erkunden. Iran hat großes Potenzial als Reiseland. »Die meisten meiner Gäste sind begeistert und kommen immer wieder.« Der Tourismus boomt, seitdem das nach der Iranischen Revolution von 1978 verschlossene Land seine Tore wieder zaghaft geöffnet hat. Die Stadt Isfahan ist eines der Hauptreiseziele.

Das Restaurant ist an diesem Nachmittag gut besucht. Neben Einheimischen trifft man inländische Touristen an, vor allem aber viele Besucher aus dem Ausland: Europäer, Australier, zunehmend auch Ostasiaten.

Rund um das Restaurant entfaltet sich das Leben im Stadtviertel, das armenisch geprägt ist. Schließlich haben Armenien und der Iran eine gemeinsame Grenze, von Isfahan bis Jerewan sind es »nur« 1.300 Kilometer.

Gleich gegenüber befindet sich die Vank-Kathedrale und das armenische Museum, in dem sich kostbare Artefakte der reichen und tragischen armenischen Kulturgeschichte befinden. All das wird flankiert von Hin-

Junge Leute in Isfahan

weisen auf den Genozid an den christlichen Armeniern im untergehenden Osmanischen Reich. Im Gegensatz zu vielen westlichen Staaten erkennt der Iran den Völkermord bedingungslos an.

Hossein verabschiedet sich von seinen Bekannten und lädt mich zu einer Tour durch Isfahan ein. Vor dem Restaurant verständigt er seinen Freund Reza per Handy, der zehn Minuten später mit seinem Auto eintrifft. Reza steuert den Wagen hupend und zielsicher durch den dichten Verkehr. Über Isfahan, der drittgrößten Stadt des Iran, hängt ein orangefarbener Nebel. Aus dem Radio erklingt die Stimme des US-Rappers Pharrell Williams.

Reza, Anfang dreißig, hat Deutsch und Englisch studiert und versucht nun einen Quereinstieg in den Tourismus, wie er erzählt. Die Fahrt geht entlang der Hauptstraße Chahar Bagh.

Für die ausländischen Besucher ist Isfahan eine orientalische Märchenstadt, ein Traum aus Tausendundeinen Nacht, für die Iraner eine relativ liberale Metropole, das Tor zum Süden des Landes, reich an Geschichte und Kultur. Der zentrale Königsplatz, seit der Revolution 1978 zum Imam-Platz umbenannt, gilt als die Hauptsehenswürdigkeit.

Reza berichtet von einem Besuch in *Teherangeles* – wie viele Iraner scherzhaft Los Angeles nennen, weil so viele iranische Einwanderer dort leben. Ungefähr sechs Millionen Iraner (von fast neunzig Millionen) sind heute im Ausland. Nirgendwo leben jedoch so viele Iraner wie in Südkalifornien. Los Angeles ist ihre heimli-

Offen, freundlich, modern: junger Vater mit Kind

che Hauptstadt. Alleine im Stadtteil Beverly Hills sind zwanzig Prozent der Einwohner iranischer Herkunft. »Wenn die Amerikaner wüssten, wie amerikafreundlich wir hier sind«, sagt Reza, während er seinen Wagen in eine Parklücke manövriert. Er lässt offen, was er damit sagen will. Ich soll mir meinen Reim selbst darauf machen.

Zu Fuß geht es weiter die Chahār Bāgh Avenue hinunter, die von unzähligen Bars, Geschäften und Restaurants gesäumt ist. An diesem Freitagnachmittag tummeln sich unzählige Menschen auf der Flaniermeile. Ich werde mit großem Interesse registriert und herzlich willkommen geheißen, wenn wir irgendwo stehenbleiben. Die Iraner reagieren mit großer Zustimmung auf die ausländischen Touristen, an denen sie ihre Fremdsprachenkenntnisse erproben wollen. Erstaunt und verwirrt zugleich nehmen viele Besucher aus dem Westen solche Eindrücke wahr. Sie sind kaum in Übereinstimmung zu bringen mit den Bildern, die ihnen von Land und Leuten in hiesigen Medien vermittelt werden.

»Die Tugendwächter trauen sich kaum noch in die großen Städte, weil sie Angst haben vor der jungen Generation«, antwortet Reza bei einem kurzen Espresso-Stopp auf meine Frage, weshalb man keine Mullahs im Stadtbild sieht: »Manche Autofahrer geben sogar Gas, wenn Mullahs die Straße überqueren …«

Reza drängt zum Aufbruch. Er erwähnt, dass sich bei vielen Iranern eine islamkritische bis islamfeindliche Grundeinstellung ausgebreitet habe, besonders unter den gebildeten Bewohnern der Großstädte. Während in der benachbarten Türkei die Moscheen wie Pilze aus dem Boden sprießen, stünden die Gotteshäuser im Iran vergleichsweise leer.

Nach einem längeren Fußmarsch ist das Ziel erreicht: das Ufer des Zayandeh-Flusses. Hier herrscht buntes Treiben. In den parkähnlichen Anlagen, auf beiden Seiten des Flusses, haben sich Familien zum Picknick niedergelassen. In der Nähe der Si-o-senPol, der 33-Bogen-Brücke aus dem frühen 18. Jahrhundert, trifft Reza auf

Allerdings: Liebespaare müssen sich verstecken

seine Lebensgefährtin Maryam und deren Freundin Sahra.

Maryam schlägt vor, ein Café aufzusuchen, von dem aus man einen Blick auf dieses architektonische Meisterwerk hat. Das zweistöckige Ziegelbauwerk schwingt sich in dreiunddreißig Bögen fast dreihundert Meter weit über den Fluss.

Sahra gehört zur jüdischen Gemeinde Isfahans, die seit tausenden von Jahren in der Stadt etabliert ist.

»Vergessen Sie den Unsinn über angeblichen Antisemitismus im Iran. Unsere Regierung ist antizionistisch, ansonsten erlebe ich hier genauso viel oder so wenig Diskriminierung wie alle anderen Bürger des Iran – wenn Sie verstehen, was ich meine.«

Während ein Kellner die Bestellung aufnimmt, fügt sie noch an: »Sollte ich mich pro-israelisch äußern, wozu ich keine Veranlassung habe, hätte ich persönlich Probleme damit.« – Auch das verstehe ich.

Sahra schließt demnächst ihr Geschichtsstudium ab. Sie erinnert an das israelisch-iranische Verhältnis zu Zeiten des Schahs, einer Epoche, die sie nur aus den Erzählungen ihrer Eltern kennt. Die historischen Animositäten der Iraner gegenüber den Arabern führten damals sogar zu einer strategischen Partnerschaft mit Israel und zu der Tatsache, dass beide Staaten militärisch eng miteinander kooperierten.

Die Sonne versinkt, die Brücken erstrahlen im künstlichen Licht. Junge Pärchen treffen sich im Schutz der Dunkelheit. Auch Reza und Maryam liegen jetzt aneinander geschmiegt, was ihnen per Gesetz nicht gestattet ist. Die Moralpolizei hätte in kleineren Orten wohl schon längst eingegriffen und ihnen eine Strafe, im schlimmsten Fall Peitschenhiebe, verordnet. Jugendliche flüstern sich die Adressen zu von den Orten, wo in der Nacht Partys steigen, wo wild getanzt wird, die Mädchen kurze Röcke tragen und Whisky und Marihuana konsumiert werden. Vorher holen die jungen Männer noch eine Runde Eis, während die jungen Damen lebhaft diskutieren.

Nach seiner Rückkehr kommt Reza noch einmal auf die politische Ausgangslage zu sprechen. »Weißt du, achtzig Prozent der Iraner sind gegen ihre Regierung eingestellt. Wir hätten gern eine Alternative. Doch was in unseren Nachbarstaaten passierte und passiert, in Afghanistan, im Irak, schreckt uns ab. Von dort flüchten die Menschen zu uns, obwohl sie doch angeblich befreit wurden vom Westen.«

Und dann bricht es aus ihm heraus: »Weshalb unterstützt ihr eure und unsere schlimmsten Feinde, die Saudis? Was habt ihr davon? Öl könnt ihr auch von uns bekommen. Auch ohne Salafisten.«

Reza und Maryam, Sahra und Hossein sind sich einig, dass der Iran in den nächsten Jahren noch mächtiger in der Region wird. Sahra zitiert ein persisches Sprichwort: *Isfahan nesfe jahan* – Isfahan ist die halbe Welt.

Und die andere Hälfte, wo ist die?

»Ja, in welcher Hälfte der Welt leben wir hier?«, fragt sie in die Dunkelheit hinein.

Alter Triebwagen in Dire Dawa. 2014 träumte man dort von der Schnellbahn Dschibuti-Addis Abeba. 2016 wurde sie eröffnet – mit chinesischer Hilfe

Äthiopien, Dezember 2014

Eine Havanna in Harar

In steilen Windungen, über Hügel und Hänge hinweg, führt die Straße von Addis Ababa nach Harar. Wie überall in Äthiopien wird das Straßen- und Streckennetz, welches einst während der fünfjährigen Herrschaft des faschistischen Italiens entstand, mit Hilfe milliardenschwerer chinesischer Investitionen modernisiert. »Die ehrgeizigen Infrastrukturmaßnahmen der Regierung in Addis Abeba verändern das Land dramatisch«, bemerkt Axel Eyber, der als Reiseleiter für das Münchner Unternehmen *Studiosus* tätig ist.

»Dadurch wächst das Land zusammen, aber auch die Zuwanderung in die Städte wird sich dramatisch beschleunigen«, fügt der in Südafrika geborene Deutsche hinzu. Er hat in Äthiopien seine Kindheit verbracht.

Seit der Abfahrt aus Addis Abeba haben sich die Landschaft und der Menschenschlag verändert. Die Kirchen sind aus dem Straßenbild der Siedlungen fast verschwunden, die Zahl der Moscheen nimmt zu. Statt der amharischen Schriftzeichen dominieren jetzt lateinische Buchstaben. Es ist die Sprache der Oromo, der zahlenmäßig größten Ethnie Äthiopiens.

»Die Oromo sind überall«, sagt Busfahrer Fekadu, der sich als Christ aus der Hauptstadt in dieser Region kaum in der Staatssprache Amharisch verständigen kann. »In Harar geht es besser, dort leben auch viele Amharen«, sagt er, während er die Hupe betätigt, um die auf den Straßen umherwandernden Menschen, die Brennholz und Trinkwasser in gelben Kanistern auf dem eigenen oder dem Rücken ihrer Esel transportieren, zu warnen.

Die Fahrt geht weiter, am Horizont erscheint die Silhouette des Zielortes. Auf den Terrassen unterhalb von Harar haben die Bauern Qat gepflanzt. Einige Felder werden von bewaffneten Posten bewacht. Die Blätter des Qat, den man in Äthiopien »Chat« ausspricht, liefern für das Horn von Afrika und die gegenüberliegende Arabische Halbinsel ein vielbegehrtes mildes Rauschmittel, welches kurzfristig belebend, auf Dauer aber erschlaffend wirkt. Der Export von Qat über Dschibuti bildet neben den berühmten Kaffeebohnen eine der wenigen Aktivposten in der Außerhandelsbilanz Äthiopiens.

Qat wird im Osten Äthiopiens aber auch von vielen Einheimischen konsumiert. »Al-Qaida werden bei uns die LKWs genannt, die von Qat kauenden Fahrern gesteuert werden«, weiß Fekadu zu berichten. »In ihrer Hochstimmung drücken viele dieser Fahrer etwas zu stark aufs Gaspedal, wodurch es häufig zu schrecklichen Unfällen kommt.«

Vor der Einfahrt zur Stadt Harar kontrollieren bewaffnete Soldaten stichprobenartig Fahrzeuge und deren Passagiere. Harar bildet einen eigenen Bundesstaat und grenzt an die unruhige Somali-Region. In der

Stadt fühlt sich der Besucher nach Südarabien versetzt. Harar gilt als Hochburg des Islam in Äthiopien. Nach Mekka, Medina und Jerusalem ist es die wichtigste heilige Stätte der Moslems. Die europäischen Reisebüros verkaufen den Ort aber lieber als »Timbuktu des Ostens«.

Angeblich habe der Prophet Muhammad Jünger in diese Region entsandt, bevor er nach Medina ging. Jahrhunderte später waren osmanische Truppen hier stationiert und sicherten die Region militärisch als Einflusssphäre des Osmanischen Reiches.

In den engen, malerischen Gassen der Altstadt, die seit dem Jahr 2006 zum UNESCO-Weltkulturerbe gehört, leuchten die Kleider der Frauen in bunten Farben.

Die Ummauerung der Altstadt stellt in Ostafrika eine Besonderheit dar. Die weißverputzten Häuser trugen Harar den Beinamen »Weiße Stadt« ein. In der etwa quadratkilometergroßen Altstadt leben die alteingesessenen Einwohner Harars, die Aderi, eine muslimisch-urbane Ethnie, die heute etwa 30.000 Menschen zählt. Erst Mitte des 19. Jahrunderts soll der erste Westeuropäer hier gewesen sein – der britische Entdecker und Abenteurer Richard Burton. Die Prophezeiung, welche den Niedergang der Stadt vorhersah, sobald ein Nicht-Muslim dort eingelassen werden sollte, erfüllte sich nicht.

Drei Jahrzehnte später besuchte auch der französische Schriftsteller Arthur Rimbaud Harar. Er war da schon lange nicht nur mehr der Dichter, der die französische Lyrik revolutioniert hatte. Er unternahm von

Aden aus mehrere Expeditionen in das damals fast noch unbekannte Innere von Äthiopien und Somalia, wobei er die geschäftlichen Aspekte – er war bei einer französischen Firma angestellt, die mit Pelzen und Kaffee handelte – mit wissenschaftlichen zu verbinden versuchte und beispielsweise einen mit eigenen Fotos illustrierten Bericht für eine geographische Fachzeitschrift verfasste, der 1884 erschien.

Harar ehrt den Reisenden und Dichter Arthur Rimbaud mit einem Museum.

Das Islamische Institut, ein protziger Bau am Rande der Stadt, präsentiert sich als Stiftung. Die Einrichtung finanziert sich zum Teil aus Erträgen einer eigenen Textil- und Lederfabrik. »Überwiegend wird es aber von Spenden aus Saudi-Arabien und Katar finanziert, inklusive der Verbreitung der wahhabitischen Glaubensrichtung«, raunt mir ein Imbissbetreiber auf der gegenüberliegenden Straßenseite zu. »Besonders bei den nomadisierten Somalis fällt diese dogmatische Glaubensrichtung auf fruchtbaren Boden.«

Ich höre einen sorgenvollen Unterton heraus. Er sei Christ, sagt er. Islamistische Fundamentalisten sind ihm ein Graus. »Schauen Sie nach Westafrika und in die Sahelzone – so etwas kann auch hier im Osten Äthiopiens geschehen.«

Einer seiner Kunden, ein junger Mann im Rastafari-Look, widerspricht: »Ein Heiliger Krieg in Harar? So etwas wird es nicht geben.«

Der Islam genießt volle Gleichberechtigung neben der früheren koptischen Staatskirche. Allerdings wird gerne verschwiegen, dass mittlerweile schon über fünfzig Prozent der Äthiopier Muslime sind.

Im Großraum von Harar entschied sich 1977 das Schicksal des modernen Äthiopiens. Siad Barre, der damals starke Mann von Mogadischu, hatte sich zum Ziel gesetzt, die innenpolitischen Schwächen des Erzrivalen Äthiopiens zu seinem Vorteil zu nutzen. Ziel des somalischen Angriffes war die Eroberung und Annexion der ostäthiopischen Ogaden-Region, deren Hirtenbevölkerung überwiegend somalisch ist. Bis nach Harar stießen die somalischen Truppen damals vor.

Zuvor hatte Somalia einen außenpolitischen Kurswechsel vollzogen. Es löste sich aus der Allianz mit Moskau und strebte ein Bündnis mit Washington an. Die Sowjetunion kam nunmehr den Äthiopiern zu Hilfe und trieb die somalische Armee zusammen mit kubanischen Soldaten bis an die Staatsgrenze zurück. Der Traum von einem Großsomalia am Horn von Afrika war ausgeträumt. In den 1980er Jahren wurde das Barre-Regime immer korrupter, unpopulärer und repressiver. Verschiedene Guerillabewegungen lehnten sich dagegen auf, bis Afweyne (»Großmaul«) 1991 Mogadischu verlassen musste …

»Fast vierzig Jahre ist das nun her. Somalia ist zerfallen, Mengistu wurde vor einem Vierteljahrhundert gestürzt, aber ich rauche immer noch meine kubanischen Zigarren«, erzählt Ibrahim, ein pensionierter Englischlehrer. Den 67-Jährigen treffe ich im Restaurant »Fast Touch«, einem stark von Touristen frequentierten Lokal. Die Zigarren schickt ihm sein einstiger Waffenbruder aus Kuba. »Miguel gehörte zu den kubanischen Truppen, die zusammen mit uns die Stadt verteidigten. Seit seiner Rückkehr nach Kuba sind wir in Kontakt, wir schreiben uns regelmäßig Briefe. Ich sende ihm äthiopische Kaffeebohnen, er mir Zigarren.«

Genüsslich zieht er an seiner Havanna.

»Sie können sich nicht vorstellen, welche Panik damals in der Stadt herrschte. Der somalische Oberbefehlshaber hatte von Siad Barre den Auftrag erhalten, unsere Stadt vollständig zu zerstören. Als guter Muslim ließ er davon ab, immerhin handelt es sich bei Harar um eine heilige Stadt.« Ibrahim legt seine Zigarre im Aschenbecher ab. Sein Blick geht auf die Straße. Männer mit feuerroten Bärten halten dort ein Schwätzchen. Oromo-Hirten führen ihr Vieh an amharischen Beamten vorbei, die immer noch die Würde des einstigen Staatsvolkes ausstrahlen.

»Äthiopien ist kein Staat im westlichen Sinne, das ist beileibe keine Nation«, nimmt Ibrahim die begonnene Konversation wieder auf. »Es ist ein Vielvölkergebilde, wie das Reich der Habsburger. Die traditionell amharische Herrschaftsschicht, die unter dem Kaiser und auch unter der kommunistischen Herrschaft die entscheidenden Posten besetzte, lässt sich mit der staatstragenden deutschen Minderheit im alten kaiserlichen Österreich vergleichen – mit dem Unterschied, dass Äthiopien bis heute nicht untergegangen ist.«

Dire Dawa

Vor dem Drahtverhau, der den Flugplatz von Dire Dawa vor terroristischen Angriffen schützen soll, verläuft die Bahnlinie Dschibouti-Addis Abeba. Die Wintersonne scheint vom blauen Himmel, Affen klettern auf den Bäumen und im Flughafengelände herum. Soldaten der äthiopischen Armee, in ihren dunkelblau gemusterten Uniformen, kontrollieren die Papiere der Ein- und Abreisenden.

Im Großraum Dire Dawa entschied sich 1977 das Schicksal des modernen Äthiopiens. In den Jahren nach dem Sturz und der Ermordung von Kaiser Haile Selassie versank das uralte Imperium in politischen Wirren und bürgerkriegsähnlichen Unruhen. Das Land brach auseinander, an seinen Rändern kämpften separatistische Bewegungen gegen die neue Zentralmacht in der Hauptstadt. Während die Streitkräfte der äthiopischen Revolutionsarmee damit beschäftigt waren, den Aufstand in Eritrea zu bekämpfen, fielen somalische Divisionen im Osten ein. Ziel des somalischen Angriffes war die Errichtung eines Groß-Somalia.

Wie überall in Äthiopien werden *Ferenji*, wie man dort die Weißen nennt, überaus freundlich empfangen. Bei mir macht man keine Ausnahme. Der Eisenbahner von Dire Dawa, mit dem ich verabredet bin, begrüßt mich herzlich.

Ursprünglich sollten die Gleise von Dschibuti nach Addis Abeba verlegt und lediglich ein Reparaturstützpunkt unweit von Harar errichtet werden. Doch dann wurde eine ganze Stadt daraus. Offiziell wurde sie 1902 gegründet, der Bauplan entstand auf dem Reißbrett, Straßen verliefen im rechten Winkel, Blöcke wurden wie in Europa errichtet, wie es die Franzosen gewohnt waren, die sich hier niederließen.

1917 erreichte die mit französischem Kapital erbaute Trasse schließlich Addis Abeba.

Die Franzosen errichteten auch den Bahnhof in Dire Dawa, bauten Schulen und Betriebe. Es entstand eine französische Spracheninsel. Französisch ist bis heute Verkehrssprache geblieben und wird vom Direktor bis zum Weichensteller als Kommunikationsmittel in schriftlicher und mündlicher Form benutzt.

Hellenistisches Grabmal auf dem Friedhof von Dire Dawa

Nach dem Ersten Weltkrieg kamen Italiener und Griechen in die Stadt, gefolgt von Indern und Geschäftsleuten aus dem Süden der Arabischen Halbinsel, Jemeniten zumeist, und machten diesen Knotenpunkt zu einer kosmopolitischen Bastion am Horn von Afrika.

Nach dem Sturz der äthiopischen Monarchie, Mitte der 1970er Jahre, verließen fast alle Ausländer die Stadt. Auf dem griechischen Friedhof erinnern im hellenistischen Stil errichtete Denkmäler und Grabsteine an die temporäre Diaspora der Griechen.

Dire Dawa ist heute die zweitgrößte und am schnellsten wachsende Stadt Äthiopiens. Über 300.000 Menschen sollen dort leben. Die Region um die Stadt bildet nächst der Hauptstadt den größten ökonomischen Ballungsraum des Landes. Die Regierung hat Dire Dawa zur Boomtown erklärt, die auch von der Nähe zu den Häfen in Dschibuti und in Somalia profitiert.

Für das Binnenland Äthiopien, welches mit der Unabhängigkeit Eritreas seinen direkten Zugang zum Roten Meer verlor, ist der Ausbau der Eisenbahnverbindungen am Horn von Afrika von außerordentlicher Bedeutung. China unterstützt die Pläne der Regierung beim Eisenbahnbau wie auch bei anderen Infrastrukturprojekten.

»Die alte Strecke nach Djibouti wird das Wichtigste sein«, erklärt mir der Mann von der Bahn auf Französisch. Er ist einer von 500 Kollegen der staatlichen Eisenbahngesellschaft, die aktuell nichts zu tun haben.

»Über den Hafen von Dschibuti führt Äthiopien neunzig Prozent seiner Waren aus. Der Schienentransport ist billig und nicht so anfällig wie unsere verstopften Straßen, die in der Regenzeit unpassierbar sind.«

Der Eisenbahner entstaubt in seinem Büro alte Akten, während er mit mir redet. Die Regierung in Addis Abeba hat sich zum Ziel gesetzt, Äthiopien in wenigen Jahren zu einem »Middle Income«-Staat zu verwandeln, prophezeit ein Jobwunder, wenn erst einmal moderne Hochgeschwindigkeitszüge am Horn von Afrika über diese Strecke rauschen.

Falsch sind solche Zielsetzungen sicherlich nicht, wenn auch moderne Eisenbahnverbindungen in einem Hochgebirgsland eine technologische Herausforderung darstellen. Auch in den ostafrikanischen Nachbarstaaten wird kräftig in die Modernisierung des Schienenverkehrs investiert. In Kenia arbeitet man an einer Wiederbelebung der alten Strecke zwischen dem Hafen von Mombasa am Indischen Ozean über die Nairobi bis hin nach Kampala, der Hauptstadt Ugandas.

Weitere Eisenbahnverbindungen, die das Horn von Afrika bahntechnisch erschließen sollen, sind in Planung.

Die Region wächst zusammen, das Rote Meer wird zum Brückenkopf, und schon kursieren atemberaubende Visionen, die eine Vernetzung der Schienenstränge Ostafrikas mit dem der arabischen Halbinsel propagieren. Ob dieses eines Tages Wirklichkeit wird, hängt davon ab, ob es in der Region friedlich bleibt. Äthiopien, wo vorläufig eine gewisse Stabilität eingekehrt ist, liegt in einer der politisch instabilsten Regionen der Welt.

Dynamische Bevölkerungsentwicklung: Über 120 Millionen Menschen leben inzwischen in Äthiopien

Äthiopien ist zwar gemessen am Pro-Kopf-Einkommen noch immer eines der ärmsten Länder der Welt, gleichwohl verfügt es laut einem Bericht der Weltbank über eine der am schnellsten wachsenden Volkswirtschaften. »Wussten Sie, dass man Äthiopien zu Beginn des 20. Jahrhunderts als Japan Afrikas bezeichnete«, fragt mich ein pensionierter Direktor der Eisenbahn bei einem Imbiss im Bahnhofsrestaurant. »Dann kamen die Jahrzehnte des Hungers, der Kriege und Bürgerkriege. Vielleicht schaffen wir es, irgendwann die Lokomotive Ostafrikas zu werden, wenn Sie mir diese Metapher hier an diesem geschichtsträchtigen Bahnhof gestatten.«

Der Direktor im Ruhestand, ein weltoffener und gebildeter Mann, schaut sich vorsichtig um. Auch im heutigen Äthiopien ist die Meinungsfreiheit ein riskantes Gut. Im Restaurant trinken Bahnarbeiter Kaffee und verzehren Spaghetti oder Lasagne. Obwohl die faschistische Herrschaft Mussolinis in Abessinien nur fünf Jahre währte, haben sich die Essgewohnheiten der italienischen Okkupanten bis heute erhalten.

»Wir Äthiopier sind ein stolzes Volk geblieben«, sagt der Eisenbahner. »Persönlich bin ich der Meinung, wir sollten uns nicht zu sehr an China orientieren. Bitte sagen Sie den Menschen in Europa, sie möchten hier bei uns investieren. Es gibt eine junge, schnell wachsende Bevölkerung. Europa und Afrika liegen doch so dicht beieinander, mit unserem gemeinsamen Potential – eure Technologie, unsere Rohstoffen – könnten wir doch die Probleme überwinden, die uns gegenwärtig bedrücken.«

Der Direktor nimmt seine Brille vom Gesicht, reibt sich die Augen. »Ich habe lange in Kenia gelebt, meine Kinder studieren in den USA, aber zu den Menschen in Europa fühlen wir Äthiopier uns kulturell am stärksten hingezogen. Wir sind doch Christen. Ich weiß, Äthiopien ist aus den Schlagzeilen der westlichen Presse verschwunden, aber hier am Horn von Afrika sind schicksalhafte Entwicklungen im Gange, die euch so oder so berühren, ob im Guten oder Schlechten. Wann fangt ihr Europäer endlich wieder mit einer eigenen Außenpolitik in Afrika an?«

Diese Frage gebe ich gern weiter.

Unterwegs in Asien, Sommer 2014

Zwischen Peking und Moskau

Nach fast neun Tagen Bahnfahrt erreiche ich Kasan an der Wolga. Ich komme aus Peking. In der Uliza Baumana, der Fußgängerzone, herrscht Hochbetrieb. Cafés und Geschäfte sind gut besucht, das Warenangebot unterscheidet sich nicht wesentlich von dem einer westlichen Stadt. Weit über eine Million Einwohner zählt die Hauptstadt der Republik Tatarstan in Russland, wobei die Bevölkerung zu gleichen Teilen aus Russen und Tataren besteht – neben einigen Minderheiten.

Aufgrund der Jahrhunderte ethnischer Vermischung können selbst Einheimische oftmals nur schwer erkennen, zu welcher Volksgruppe jemand gehört. Die Stadt gilt als Perle der Architektur, die Orient und Okzident in sich vereint. Sie ist ein bedeutender Kultur-, Wissenschafts- und Wirtschaftsstandort, Verkehrsknotenpunkt sowie ein wichtiges Zentrum des Islam in Russland.

Tatarstan genießt innerhalb der russischen Förderation einen vergleichbaren Status wie die überwiegend muslimischen Verwaltungseinheiten des Nordkaukasus – Tschetschenien, Dagestan, Inguschetien, Kabardino-Balkarien.

Die tatarischen Nationalisten, die beim Untergang der Sowjetunion auf eine staatliche Unabhängigkeit ihrer Republik drängten, ließen es vernünftigerweise nicht auf einen blutigen Konflikt ankommen und fanden zu der jetzigen Lösung. Das Erdöl, über welches die Republik in großen Mengen verfügt, und der damit verbundene wirtschaftliche Aufschwung nahmen den Separatisten den Wind aus den Segeln. Es ist nicht zu übersehen: Kasan geht es ökonomisch gut, sehr gut sogar. Die Stadt zählt inzwischen zu einer der reichsten Metropolen Russlands.

Kasan liegt heute an der Wolga, früher am Fluss Kazanka. Seit die Wolga angestaut wurde, ist Kasan eine Hafenstadt. Mein Blick geht über die stahlblauen Fluten des Stroms, an dessen Ufern sich die Wohnviertel der Reichen und Superreichen erstrecken. Pastellfarbene Villen reihen sich aneinander und erinnern an die kalifornische Pazifikküste. Die Oligarchen der neunziger Jahre besaßen nicht so viel Geschmack.

Auch auf der anderen Uferseite herrscht rege Bautätigeit. Dort entstehen Penthouses und Luxus-Appartements mit Wolga-Blick. In der Ferne ist die neue Sporthalle zu erkennen, die über die größte Videoleinwand der Welt verfügt. In den letzten Jahren waren dort achtundvierzig Sportanlagen anlässlich der Universiade errichtet worden, also den Olympischen Spielen des Weltverbands des Universitätssports, die 2013 in Kasan stattfanden.

Wendet man den Blick nach Osten, dorthin, wo die Kazanka in die Wolga mündet, erblickt man das alte, das historische Kasan. Der Kreml von Kazan stellte einst das Machtzentrum der islamischen Tataren-Herrschaft dar, sie bestand fast dreihundert Jahre. 1552 ließ Iwan der Schreckliche nach mehreren vergeblichen Versuchen dieses Bollwerk erstürmen.

»Iwan ließ alle Tataren töten, außer jenen, die mit ihm kollaborierten. Er wollte die Geschichte der Tataren und des Islam in Russland auslöschen«, erfahre ich von Anatolij Dolgov, einem Russen, geboren in Kasan 1970. »Das ist ihm nicht gelungen.«

Dolgov verweist beim Betreten des Kreml auf die goldenen Zwiebeltürme der christlichen Orthodoxie. Wie auch im Moskauer Kreml durchbohrt das siegreiche Kreuz den islamischen Halbmond. Die Kreml-Mauer ist 1,7 Kilometer lang und UNESCO-Weltkulturerbe. Das markante Bauwerk mit seinen prachtvollen Sakralbauten ist Besuchermagnet in- und ausländischer Touristen.

Ohne die Pracht der orthodoxen Gotteshäuser zu beeinträchtigen, erhebt sich unweit des Kreml die Kul-Scharif-Moschee, welche 2005 errichtet wurde. Sie ist die größte Moschee in Europa.

Besonders viele Gläubige trifft man in der Gebetshalle nicht an. Drei junge tatarische Damen bestaunen die hohen Decken, ihr lockeres Kopftuch ist kokett nach hinten geschoben. Der zuständige Imam, der seine theologische Ausbildung in Dubai absolvierte, hält seine Predigt auf Tatarisch.

»Die religiöse Rückbesinnung der sunnitischen Tataren hält sich in Grenzen«, höre ich, »anders als beispielsweise im Kaukasus, wo der Fanatismus der Wahhabiten wuchert, finanziert mit saudischem Geld.« Vor der Moschee plaudert Erkan mit einigen Tataren. Der

Die Kul-Scharif-Moschee in Kasan, 2005 errichtet, ist die größte Moschee auf dem Territorium Europas

junge Geschäftsmann aus Istanbul hält sich aus beruflichen Gründen in der Stadt auf, verweist darauf, dass türkische Geschäftsleute in der Stadt sehr aktiv seien. Mit den Tataren kann sich der Türke fließend unterhalten, trotz einer gewissen Russifizierung der tatarischen Sprache im Laufe der Jahrhunderte. Tatarisch und Türkisch gehören beide zu den Turksprachen.

»Ja, die Farbe an den sanierten Fassaden ist noch ganz frisch«, erzählt Dolgov, der eine Gruppe deutschsprachiger Touristen durch den Kreml geführt hat und sie nun in die Freizeit entlässt. Die (West-)Deutschen zeigten sich erstaunt über die ökonomische Dynamik der Stadt, wie mir Dolgov erzählt. Der studierte Germanist hat vor Jahren seine Laufbahn an der Universität gegen eine Tätigkeit als Reiseleiter in der Tourismusbranche getauscht. In diesem Job verdient er besser als an der Uni.

»1991 zählte Kasan noch zu einer der kriminellsten Städte in der Sowjetunion, auf den Straßen herrschte Mord und Totschlag.« Dolgov sinniert. »Heute wirkt Kasan so sauber, so sicher und so posperierend wie eine Stadt im Schwabenland.«

Er lädt mich zu einem Spaziergang ein.

Viele Tataren fühlen sich zur Türkei hingezogen, Viele Besucher, Unternehmer und Kaufleute, die vom Bosporus und von Anatolien den Weg nach Tatarstan finden, scheinen nicht arm. In Moskau blickt man nicht ohne Sorgen auf die Entwicklung der Muslime in Russland, deren Anzahl mit Ausnahme der europäisierten Bewohner von Kasan weit schneller wächst als die der slawisch-christlichen Einwohnerschaft.

Die Einnahmen aus dem Erdöl-Geschäft, haben sich inzwischen wohltuend bis auf die ärmsten Bevölkerungsschichten ausgewirkt. »Diese phänomenale Entwicklung wird Putin von vielen Bürgern persönlich angerechnet«, sagt Dolgov. »Dabei hat das eher mit der Entwicklung der Weltmarktpreise zu tun als mit Putins Politik.« Was die Zukunft Kasans und Tatarstans angeht, sei er optimistisch. »Denke ich aber an die Beziehungen Russlands zum Westen ... Nun, wir werden sehen.«

Ulan Ude

Ein fünf Meter hoher Leninkopf aus Granit beherrscht den Sovjetskaya-Platz im Zentrum von Ulan Ude, Hauptstadt der Republik Burjatien an der Grenze zur Mongolei. Die Schöpfer der Plastik, in diesem Fall handelte es sich um Vater und Sohn, scheinen nicht sonderlich begabt zu sein. Lenin schaut nicht nur düster von seinem Sockel wie auch andernorts üblich. Bei näherer Betrachtung meint man in ein schmerzverzerrtes Antlitz zu schauen. Die Skulptur war für die Weltausstellung 1971 in Ottawa vorgesehen und sollte den Pavillon der UdSSR schmücken. Den wollte dann aber keiner, weshalb er nach Ulan Ude, in den fernen Osten der damaligen Sowjetunion, verbannt wurde.

»Nein, wir zertrümmern hier keine Lenin-Denkmale, wie es aktuell in der Ukraine geschieht!«, reagiert Nina auf meine vorsichtige Kritik am Kunstwerk. »Die Skulptur passt doch wunderbar hier nach Ulan Ude.« Und nun kommt die Pointe: »In Burjatien wurden schon immer die abgeschlagenen Köpfe unserer besiegten Feinde öffentlich zur Schau gestellt.«

Nina arbeitet als Stadtführerin für das Berliner Unternehmen *Lernideereisen*. Gerade führt sie eine Gruppe deutschsprachiger Touristen, die per Bahn aus der Mongolei angereist sind, durch die Stadt. Wie steht es heute noch um Lenins Popularität?

Lenin, der Schmerzensmann, in Ulan Ude

Die Umfrage eines Moskauer TV-Senders ergab, dass die Hälfte der jungen Russen mit dem Namen Lenin nicht viel anzufangen wissen. »Das ist doch Leonardo di Caprio«, sagten einige der Umfrageteilnehmer, als ihnen ein Bild des sowjetischen Staatsgründers gezeigt wurde.

Hinter Lenin steht das Regierungsgebäude der Republik Burjatien, über dem die russische und die burjatische Flagge wehen. Die Republik Burjatien reicht bis an den Baikalsee und ist erwa so groß wie die Bundesrepublik. Das Gebiet ist arm an Menschen (weniger als eine Millionen Einwohner), aber reich an Bodenschätzen. In den Bergen wird Gold abgebaut, entlang der mongolischen Grenze Wolfram gewonnen, Kohle, Kupfer und Blei liegen im Boden verborgen.

Neben den Rohstoffvorkommen ist die Rückkehr der Burjaten zu ihren religiösen und kulturellen Wurzeln, das Fundament auf dem die Souveränität der Republik basiert. 1990 erklärte Burjatien – neben Tatarstan und Jakutien – ihre Unabhängigkeit. Das Land genießt innerhalb der Russischen Föderation einen vergleichbaren Status wie die überwiegend muslimischen Verwaltungseinheiten des Nordkaukasus oder wie Tatarstan an der Wolga.

Leicht abfallend zur Altstadt beginnt die Fußgängerzone, die ebenfalls nach dem Gründer der UdSSR benannt ist. Man durchquert den wieder erbautenTriumphbogen, der einst zum Besuch von Zar Nikolai II. im Jahr 1891 errichtet worden war. Damals hieß die Stadt noch Werchneudinsk, sie wurde erst 1934 in Ulan Ude umgetauft, benannt nach dem Fluss, der Uda, an der die Stadt liegt. Ulan Ude bedeutet Rote Uda.

In der Innenstadt reiht sich Geschäft an Geschäft, Passanten schlendern durch die mit Blumenrabatten versehene Fußgängerzone. Westliche Modeketten sind ebenso präsent wie Geschäfte die sich auf den Verkauf lokaler Produkte spezialisiert haben.

Rund 400.000 Einwohner zählt die Stadt heute, die, zwischen Hügeln gelegen, mit interessanter Architektur und vielen Grünanlagen gefallen kann. »Wir fühlen uns hier ganz wohl«, erklärt Katja, die gerade als Mitglied einer Hochzeitsgesellschaft zusammen mit ihren Freunden auf das Brautpaar wartet. Katja, eine bildschöne 27-jährige Studentin, gehört zum Volk der Ewenken, einer der indigenen Völker Sibiriens. Ihr Freundeskreis ist ethnisch gemischt, er besteht aus Russen, Burjaten, Koreanern, Ukrainern und Armeniern. »Nein, es gibt hier keine Spannungen zwischen den Völkern. Nicht in meiner Generation«, bekräftigt sie mit Nachdruck.

»Wir bekommen hier auch nichts mit von den Spannungen bei euch in Europa, dem Konflikt des Westens mit Russland um die Ukraine – das ist alles so weit weg. Wir blicken hier auf Ulaanbaatar, auf Peking und Tokio, die sind näher als Moskau. Die russische Hauptstadt ist mehrere Tagesreisen und Zeitzonen entfernt«, gibt sie lachend zu bedenken.

Ulan Ude ist auch ein Zentrum des Buddhismus und Schamanismus. Der Schamanismus wurde zu Sowjetzeiten als Relikt der Vergangenheit angesehen. Zum einen übten die Priester keine geregelte Tätigkeit aus und man fürchtete deren gefährlichen Einfluss auf ihre Umgebung. Trotzdem blieb der Schamanismus im Volksglauben der Burjaten am Leben.

Im Juni 1992 fand auf Initiative burjatischer Schamanen erstmals wieder eine Pilgerfahrt auf die als heilig geltende Insel Olchon statt. Sie befindet sich im 140 Kilometer westlich von Ulan Ude gelegenen Baikalsee. Unter den dreizehn nördlichen »Beschützern«, die von den Schamanen angebetet werden, ist Olchon, der Gebieter des Baikalsees und Herrscher der Berge an dessen Ufern, der wichtigster Schutzgeist der Ara-Mongolei.

Bei den Burjaten, das muss man in diesem Kontext wissen, handelt es sich um eine mongolische Ethnie, die vielfältige Beziehungen zu den Völkern der südlich gelegenen Mongolei unterhält.

Der Buddhismus verbindet beide Ethnien. Wie auch in der Mongolei wird in Burjatien die lamaistische Variante des Buddhismus praktiziert. 2007 wurde auf dem »Kahlen Berg« über der Stadt ein buddhistischer Tempel eröffnet, der auch ein lamaistisches Informationsbüro beherbergt.

Vierzig Kilometer westlich von Ulan Ude liegt das Lamakloster Ivolginsk. Dort, im zentralen Heiligtum des Buddhismus in Russland und Burjatien, leben etwa sechzig Mönche und einhundertfünfzig Studierende sowie der Hambo-Lama, der oberste Lama für ganz Russland.

Diese Region Russlands wird von westlicher Berichterstattung weitgehend ausgespart. Arkadi, ein junger Reporter der Lokalzeitung, weist daraufhin, dass man in Moskau eine Neuaufteilung Sibiriens bis zum Pazifik vorgenommen habe. Die östlichste große Verwaltungseinheit reiche nunmehr vom Baikal bis zum Stillen Ozean. »Wie viele Menschen dort leben, ist nur unzulänglich ermittelt, etwa sieben bis neun Millionen«, erklärt der Journalist.

Inzwischen habe sich aber so etwas wie ein besonderes sibirisches Lebensgefühl entwickelt, was hier in Burjatien auch ethnisch definiert ist. In den neunziger Jahren kam hier fast alles zum Stillstand, der Abbau der Rohstoffe, die Versorgung. Die Verschleuderung des damaligen Volkseigentums zu Spottpreisen begünstigte damals Mafiosi und raffgierige Spekulanten. »So wurde die westliche Idealvorstellung von freier Marktwirtschaft hier bei uns vollzogen«, erzählt der Journalist. »Wenn Sie begreifen möchten, warum Putin so populär ist, dann schauen Sie sich heute in Ulan Ude um. Er hat damals den Saustall ausgemistet.«

In der Fußgängerzone haben einige chinesische Händler Stände errichtet. Es handelt sich überwiegend um junge Leute, die aus der Volksrepublik angereist sind. Ein kleiner Mann, der seine langen Haare zum Pferdeschwanz gebunden hat, schaut überall gebieterisch nach dem Rechten. Arkadi bestätigt, dass die Anzahl der Chinesen sich in Grenzen hält. Aber in der Bevölkerung russisch-europäischen Ursprungs gehe der Spruch um: »Heute ist es ein gelber Tropfen, morgen ist es das Gelbe Meer.«

Arkadi beobachtet mit großem Interesse die Vertiefung der Beziehung der Burjaten zu ihren mongolischen Nachbarn. Die Ureinwohner, die durch die Russen bis an die Ufer des Arktischen Ozeans kolonisiert wurden, gehören überwiegend der weit verzweigten mongolischen Völkerfamilie an, der nach Überquerung der Bering-Straße durch ihre Ahnen die Indianerstämme des gesamten amerikanischen Kontinents zugerechnet werden.

Am Ende der Straße erhebt sich die Kathedrale der Gottesmutter Hodigitreja, eine der schönsten Barockkirchen Ost-Sibiriens. Auch die slawische Bevölkerung hat zu ihren religiösen Wurzeln zurückgefunden.

Irkutsk

Auf dem Zentralmarkt von Irkutsk herrscht reges Treiben. In der zweigeteilten großen Markthalle scheinen die Verkaufsstände kurz vor dem Zusammenbrechen zu stehen – angesichts der hier präsentierten Vielfalt an Waren. Neben Lebensmitteln werden auch Alltagsgegenstände, Blumen und Genusswaren den Besuchern zum Verkauf angeboten. Die Menschenmenge, welche sich durch die Gänge schiebt, steht stellvertretend für die soziale Struktur der ostsibirischen Metropole, die man angesichts ihres gut erhaltenen architektonischen Erbes zu Recht als »Paris Sibiriens« bezeichnet.

Mit Frankreich wurde Irkutsk schon im 19. Jahrhundert in Verbindung gebracht. Am 14. Dezember 1825 erhoben sich hier adelige Offiziere gegen die Herrschaft des Zaren und gegen die Leibeigenschaft. Diese Offiziere hatten zuvor Napoleon aus Russland verjagt und bis nach Frankreich verfolgt, wo sie mit den Ideen der französischen Revolution in Verbindung kamen. Der Dekabristen-Aufstand war die erste revolutionäre Erhebung in der jüngeren Geschichte Russlands, die sich an den Idealen der Aufklärung orientierte. Der Aufstand, benannt nach dem russischen Wort für Dezember (*Dekabr*), wurde blutig niedergeschlagen, die Anführer wurden hingerichtet. Noch heute ist man in Irkutsk auf diesen Aufstand stolz.

Unter den Käufern in der Markthalle dominieren die Angehörigen der neuen russischen Mittelschicht. Beamte, Angestellte, Freiberufler, konsumfreudig und aufstiegsorientiert, die dem größten Flächenstaat der Welt, selbst hier in den Weiten Sibiriens, in den letzten Jahren ihren Stempel aufgedrückt haben.

Dieses soziologische Phänomen, der Aufstieg, das Auftreten und das Antreffen dieses Menschentypus in großer Zahl, welche den Homo sovjeticus nahezu verdrängt zu haben scheint, zumindest oberflächlich, gehört vielleicht zu den auffälligsten Veränderungen, die dem Russlandbesucher sofort ins Auge springen, wenn er zum ersten Mal – wie in meinem Fall – 22 Jahre nach dem letzten Besuch wieder das Land bereist.

In der tadschikischen Teestube, welche man zwischen den Verkaufsständen errichtet hat, herrscht babylonische Sprachenvielfalt. Nahezu alle Ethnien der früheren Sowjetunion scheinen sich hier zu treffen, wobei die Angehörigen der zentralasiatischen Republiken in der Überzahl sind. Russland gehört zu den größten Einwanderungsländern der Welt. Ungebremst strömen die Menschen aus Armenien und Usbekistan, aus Kirgisistan und Tadschikistan in die russischen Metropolen östlich und westlich des Urals.

Während man im europäischen Teil Russlands häufig von ethnischen Spannungen hört, von rassistischen Übergriffen, ja von einer weitverbreiteten Abneigung der Russen gegenüber den »Schwarzärschen«, wie man Zuwanderer aus den muslimischen und überwiegend turksprachigen Regionen des Kaukasus und Zentralasiens im Volksmund zu nennen pflegt, scheinen die Verhältnisse diesbezüglich in Irkutsk entspannt. An den Tischen plaudern Russen mit Burjaten, Kasachen mit Turkmenen.

Reza, ein junger Metzger der Fleischprodukte *halal* verkauft, gönnt sich bei einer Tasse Tee eine kurze Verschnaufpause. Reza stammt aus Duschanbe, der Hauptstadt Tadschikistans, der einzigen persischsprachigen Republik auf dem Territorium der einstigen Sowjetunion, direkt an der Grenze zu Afghanistan gelegen. »Die Russen sind gute Käufer, aber keine so guten Verkäufer, bei uns Tadschiken ist es umgekehrt«, erklärt er lachend.

»Ihr macht den Frauen immer Komplimente, damit öffnet ihr unser Herz und die Geldbörse«, wirft Ljuba ein, die nebenan einen Blumenstand führt.

»Russische Männer können nicht besonders gut flirten«, ergänzt sie augenzwinkernd.

»Ist es nicht schade um unsere schöne Sowjetunion!«, mischt sich eine üppige Matrone mit blondgefärbtem Haar in das Gespräch ein. »Früher lebten wir alle friedlich beieinander. Dieser dreckige Säufer hat alles kaputt gemacht.« Mit dem dreckigen Säufer ist zweifellos Präsident Boris Jelzin gemeint.

Die Jelzin-Kritikerin hat sich inzwischen anderen Gesprächspartnern zugewandt.

»Nehmen Sie solche Sprüche nicht allzu ernst«, meint Reza. »Ich bin froh, dass ich hier in Russland leben kann. Dieses Land ist für uns so anziehend wie Deutschland für Türken. Rassistische Bemerkungen kommen vor, besonders wenn man sich als Zuwanderer mit den hiesigen Mädchen trifft, dass passt den einheimischen russischen Männern überhaupt nicht. Aber ansonsten ist alles friedlich. Ich kann mich nicht beklagen.«

Dort, wo früher Wodka in großen Mengen auf öffentlichen Plätzen konsumiert wurde, ist heute Nichtraucherzone, die Straßen sind sauber, die Häuserwände erstrahlen im frischen Glanz. Wohlstand hat sich breitgemacht, nicht üppig, aber doch sichtbar. Ein ausländischer Tourist, der ungefragt Fotos schießt, ist auch kein Fall mehr für die Miliz.

»Hat sich eine ganze Menge getan, ja«, sagt Wladimir. Er verkauft am unteren Ende der Karl-Marx-Straße, quasi im Schatten des Lenin-Denkmals, wo junge Leute mit ihren Skateboards akrobatische Kunststücke vollführen, Bilder und Grafiken.

Wladimir, dessen Vater Harald hieß, wohnt schon sein Leben lang in Irkutsk. »Als Sohn eines Deutschen und einer Russin war ich schon immer Dissident, früher wie heute«, gibt er unumwunden zu.

»In den 1970er Jahren bekamen wir hier die ersten Beatles-Platten und Jeans, die wurden mit der Transsibirischen Eisenbahn geschmuggelt, vom Personal aus Moskau. Sie fanden reißenden Absatz, wurden auf dem Schwarzmarkt verkauft. Wir hörten heimlich ›Voice of America‹ auf Russisch und fühlten uns dann nicht ganz so alleine, wussten, dass es noch eine andere Welt gibt.«

Dann wird er wie alle Russen melancholisch. »Meine ersten drei Lebensjahrzehnte verbrachte ich in der

Journalistenkollegin Natalia in Irkutsk: Wenn sie einen Mann gefunden haben, beginnt der Alltag ohne Make-up

Sowjetunion, jetzt bin ich fünfundfünfzig. Glauben Sie mir, ich weine dem Kommunismus keine Träne nach, heute ist es viel besser. Zu Sowjetzeiten hätte ich Probleme bekommen, wenn ich mich mit einem Ausländer – so zwanglos wie jetzt gerade mit Ihnen – unterhalten hätte. Die Läden waren leer, das Leben war von stumpfsinniger Routine geprägt. Nein, danke, danach sehne ich mich nicht zurück.«

Natürlich sei die Sowjetunion noch immer nicht vollständig verschwunden, im Denken vieler Menschen lebe sie fort. »Putin ist meiner Meinung nach der letzte Vertreter der alten Garde, er wird von den einfachen Menschen verehrt, weil er dem Land Stabilität gebracht hat. Ich kann mich heute aber hinstellen und sagen: Putin ist ein Arschloch. Würde ich diese Aussage auf einem Plakat durch die Gegend tragen, dann bekäme ich aber Probleme.«

Was den Ukraine-Konflikt angeht, bietet mir der gelernte Gefängnis-Seelsorger folgende Erklärung an: »Die Ukraine liegt doch in Europa, in eurer Nachbarschaft, nicht hier bei uns. Davon spüren wir hier gar nichts. Wir leben in Nachbarschaft zur Mongolei und zu China, selbst Moskau ist mehrere Tagesreisen per Bahn entfernt. Das hat alles mit Geopolitik zu tun. Es wurden Fehler gemacht, auf Seiten Russlands, auf Seiten des Westens, die Ukraine ist und bleibt ein gespaltenes Land. Ich selbst bin als Freund des Westens enttäuscht von den außenpolitischen Manövern des Westens. Was will man denn mit Sanktionen gegen Russland erreichen? Soll hier das Chaos ausbrechen, soll die Weltwirtschaft in eine neue Krise rutschen? Wenn ja, dann sollte man noch einmal die Weltkarte studieren.«

Die Karl-Marx-Straße mündet in die Uliza Urickogo. Es handelt sich um die einzige Fußgängerzone der Stadt, wobei Boulevards immer noch selten in Russland zu finden sind. Junge Leute schlendern entspannt die Flaniermeile entlang, betrachten die Auslagen in den Geschäften, unter denen die westliche Ketten wie

Adidas und H & M und Nike dominieren. Einige Bekleidungsunternehmen wurden nach deutschen Städten benannt.

Die jungen Frauen sind überwiegend von betörender Schönheit, wie fast überall in den Städten Sibiriens, und erklären, warum internationale Model-Agenturen in dieser Region sehr aktiv sind.

»Die Darbietung ihrer Reize dauert bei den jungen Frauen so lange, bis das Ziel erreicht ist – nämlich die feste Bindung an einen materiell gut situierten Mann«, spöttelt Natalia, während sie von einem Straßencafé aus kritisch betrachtet, wie ihre Geschlechtsgenossinnen auf Highheels durch die Straßen stöckeln.

Natalia ist alleinerziehende Mutter eines achtjährigen Sohnes, sie arbeitet als Redakteurin bei einem lokalen Radiosender. Während des Studiums hat sie ein Auslandssemester in Berlin verbracht. »Wenn diese Mädels erst einmal unter der Haube sind, gehen die schmalen Hüften schnell in die Breite, die Absätze schrumpfen, das Make-up verschwindet aus dem Gesicht und es führt der Alltag Regie. Das langweilige Eheleben beginnt. Mit viel Wodka und Stress«, spottet sie ein wenig zynisch.

Auf dem Weg zu den Ufern der Angara fallen die schönen und reich verzierten Holzhäuser auf. Im 19. Jahrhundert war Irkutsk mit Abstand die größte Stadt Sibiriens, Zentrum der russischen Expansion und diplomatischer Aktivitäten in Richtung Mongolei und China. Irkutsk entwickelte sich zum Fenster nach Osten wie Sankt Petersburg zum Fenster nach Westen. Als Russland 1761 die Bering-Straße überquerte, kam die

Expedition aus Irkutsk. Alaska und die Aleuten und die damals zu Russland gehörenden Teile Kaliforniens waren administrativ dem Irkutsker General-Gouvernement unterstellt.

An der Uferpromenade der Angara hat sich eine Hochzeitsgesellschaft eingefunden. Ausgelassen tanzen die Gäste zu den musikalischen Darbietungen einer Kapelle, auch vorbeieilende Passanten legen eine heiße Sohle aufs Parkett. Die Szene wirkt friedlich, ausgelassen und heiter. Überhaupt kann man den Eindruck gewinnen, den Russen gehe es heute besser als seit langem in ihrer grausamen Geschichte der letzten Jahrzehnte und Jahrhunderte, die der britische Historiker Orlando Figes einmal als die »Tragödie eines Volkes« bezeichnet hat.

Überall auf der Welt, aber nicht überall mit Lenin

Ich verharre eine Weile in der Betrachtung des Sonnenuntergangs. Dabei versuche ich mir ins Gedächtnis zu rufen, wie weit ich von Europa entfernt bin. Der alte Herr, ich schätze ihn auf über 80, an dessen Stand ich eben eine Kugel Eis erworben habe, hat sich zu mir gesellt. Der Mann überrascht mich mit seinen Deutschkenntnissen. Unerwartet fragt er mich: »Wie weit möchte die NATO denn noch nach Osten vordringen? Ihr Deutschen habt doch bittere Erfahrungen gesammelt. Genügt das nicht? Wie viel Blut, Leid und Elend hat es auf deutscher und auf russischer Seite gegeben? Frau Merkel hat doch gesagt, eine Regierung, die auf einen Bürger schießt, hat ihre Legitimation verloren. Warum schweigt sie denn, wenn die ukrainische Armee auf ukrainische Bürger schießt? Ihr Deutschen solltet es doch besser wissen. Habt ihr vergessen, dass Irkutsk, diese Uferpromenade, einst von deutschen Kriegsgefangenen errichtet wurde?«

Südkaukasus, April 2014

Armenien betet, Aserbaidschan boomt

»Sie haben sicher schon von Komitas gehört«, erkundigt sich ein Gast in *Edouards Restaurant* bei mir. Der ältere Herr stellt sich mir als Musikprofessor vor. *Edouards Restaurant* liegt zwischen dem Republik- und dem Opernplatz im Herzen von Eriwan, der Hauptstadt und kulturellem Zentrum der kleinen Kaukasus-Republik Armenien.

Neben den architektonischen Prachtbauten aus den frühen 1920er Jahren, errichtet aus vulkanischem Tuffstein, blassrosa schimmernd, dominieren immer mehr die Neubauten, die zum Teil ansprechen, letztlich aber austauschbar sind. Es sind Fassaden einer seelenlosen Globalisierung, die sich in Chrom und Glas manifestiert.

»Komitas ist für uns Armenier, was Chopin für die Polen ist«, fährt der Musikprofessor fort. Komitas also, der eigentlich Soomo Soomonjan hieß, sich im Kloster taufen ließ, in Berlin Komposition studierte und dann sein ganzes Leben der armenischen Musik widmete. Er reiste durch die armenischen Siedlungsgebiete, sammelte das musikalische Erbe, die alten Volkslieder, schuf unzählige Choräle. Seine Messen werden noch immer in den armenischen Kirchen gesungen. Musik, die unter die Haut geht, die einem die Tränen in die Augen treiben kann.

»1915 begann in der Türkei das Massaker an den Armeniern«, doziert der Musikprofessor. »Bis zu Hitler war das der größte Genozid im 20. Jahrhundert. Türkische Soldaten wollten Komitas von einem Felsen herabstürzen. Doch im letzten Moment wurde er von der Tochter des Sultans gerettet, eine seiner ehemaligen Schülerinnen. Doch seine Sinne waren schon verwirrt, sein Verstand vernebelt. Er lebte noch zwanzig Jahre, erholte sich aber nie mehr, denn er hatte bereits in den Abgrund geblickt. Er stürzte sich später in den Abgrund, von dem ihn die Tochter des Sultans einst gerettet hatte.«

Der Mann schweigt, dann setzt er wieder an. »Die Geschichte von Komitas steht stellvertretend für das Schicksal Armeniens! Wenn Sie Komitas begreifen, dann verstehen Sie Armenien.«

Der Mann begleicht seine Rechnung, greift nach seinem Hut. »Können Sie mir vielleicht erklären, wieso der Westen Sanktionen gegen Russland erlässt, aber mit unserem Erzfeind Aserbaidschan paktiert? In Aserbaidschan gibt es zwar Öl, aber keine Demokratie!«, sagt er zum Abschied. Dann taucht er in die Menschenmenge ein und verschwindet.

Die gut besuchten Bars und Bistros, die gut gekleideten Passanten und vollen Shopping-Malls irritieren, wenn man sich bewusst macht, dass selbst Ärzte in Armenien nur einige hundert Euro im Monat verdie-

Kinotheater »Moskau« in Eriwan

nen, dass die durchschnittliche Rente bei ungefähr fünfzig Euro liegt, die Preise aber rasant steigen. Trotzdem sind im Stadtbild kaum Anzeichen von Armut und Verelendung anzutreffen.

Zwei junge Männer sitzen auf einer Parkbank, unterhalten sich auf Farsi, eine Sprache, die man in den Straßen Eriwans sehr häufig hört. Für junge Iraner ist Armenien ein beliebtes Reiseziel und auch umgekehrt. Die Grenze zwischen beiden Staaten ist offen, es besteht keine Visa-Pflicht. Armenien, das älteste christliche Land der Welt, lehnt sich außenpolitisch eng an Teheran und Moskau an. Russland und Persien sind die beiden historischen Schutzmächte dieses Landes, das immer um sein Überleben kämpfen musste. Im September 2013 erklärte Präsident Sersch Sargsjan überraschend nach einem Treffen mit seinem russischen Amtskollegen Wladimir Putin in Moskau, Armenien werde der Eurasischen Zollunion beitreten. Die Eurasische Zollunion besteht seit 2010, Mitglieder sind bisher Kasachstan, Russland und Belarus. 2015 soll die Union zu einer Wirtschaftsunion aufgewertet werden, die dann auch eine politische Integration zur Folge haben soll.

Was die Beziehungen zu Teheran angeht, so hätte Armenien ohne den Iran seit seiner Unabhängigkeit 1991 kaum überlebt. Die geschlossenen Grenzen zu Aserbaidschan und der Türkei strangulieren jegliche wirtschaftliche Entwicklung und engen die geostrategischen Perspektiven Armeniens dramatisch ein.

Die beiden jungen Iraner, Adnan und Reza, sind für ein paar Tage in Eriwan, um einmal richtig durchzuatmen, wie sie lachend betonen. Reza, der in Teheran Chemie studiert, sieht in der Mentalität beider Völker große Ähnlichkeiten. »In Armenien ist das Leben aber freier, es gibt weniger Repressionen«, stellt er fest.

Serine Vempy teilt die Einschätzung des iranischen Touristen. Sie erblickte 1994 in Teheran das Licht der Welt. Ihre Familie, Angehörige der armenischen Minderheit im Iran, siedelte nach Eriwan über, als sie zehn Jahre alt war. »Immer wenn ich im Iran bin, dann vermisse ich Armenien. Und umgekehrt.«

Ihre schulterlangen Haare, die sie zu Zöpfen gebunden hat, sind pinkfarben gefärbt, zum Minirock trägt sie ein schulterfreies Shirt, im Cosplayer-Look, wie man diesen japanischen Verkleidungstrend weltweit nennt. Serine ist Grafikerin, ihre erste Ausstellung steht unmittelbar bevor. Während viele junge Armenier auswandern oder ihre Zukunft in Russland, den USA oder in Europa planen, träumt Serine von Japan. »Nächstes Jahr habe ich hoffentlich genug Geld gespart, um für einige Zeit nach Tokio zu gehen und dort zu arbeiten«, erzählt sie. Tagsüber arbeitet sie im *Achtziger-Pub*, dem Treffpunkt einer jungen Szene von unkonventionellen Künstlern und Studenten.

»Wir Armenier haben eine andere Zeitrechnung als ihr im Westen«, wirft Aram ein. Der junge Geschichtsstudent sitzt unter einer türkischen Flagge, wahrscheinlich die einzige, die man in Eriwan findet, wie er schmunzelnd feststellt.

Junges armenisches Paar, entspannt und optimistisch

»Die erste Teilung haben wir vor 2.500 Jahren erlebt. Das Christentum haben wir siebenhundert Jahre früher angenommen als ihr in Europa. Wir haben zehn Jahrhunderte vor euch in unserer eigenen Sprache zu schreiben begonnen. Doch Armenien erlebte dieselbe, für diesen Teil der Welt typische Tragödie: ein Mangel an historischer Kontinuität, das plötzliche Auftauchen leerer Seiten in den Geschichtsbüchern.

Ohne eine Einigung mit der Türkei wird es schwierig bleiben. Ich halte es für einen Fehler, den Genozid zum Politikum zu machen, wir können uns nicht nur dadurch definieren. Auch mit Aserbaidschan muss verhandelt werden. Armenien betet, während Aserbaidschan boomt.«

Arams Thesen finden bei den anwesenden Gästen, die keineswegs den Querschnitt der Bevölkerung Eriwans darstellen, leise Zustimmung.

Außerhalb der Hauptstadt Eriwan, in der ein Drittel der knapp drei Millionen Landeskinder lebt, ist Armenien dünn besiedelt. Im Bus unterwegs in Richtung Norden beginnt gleich hinter der Stadtgrenze eine von Stille und Steinen beherrschte Landschaft. Dafür erhebt sich der Berg Ararat, der heilige Berg der Armenier, zur Linken, so nah, dennoch unerreichbar fern, schon hinter der Grenze zur Türkei, einer der letzten geschlossenen Grenzen Europas. Plötzlich tauchen riesige Schafherden auf, geführt von Hirten auf Pferderücken, die im Sommer ihr Vieh in die Berge treiben, dabei selbst wie Nomaden in Zelten leben.

Winkende Kinder am Straßenrand, Obstbäume, durch die das Sonnenlicht bricht, kleine Dörfer und Siedlungen, schwarzes Gestein, neben schroff aufragenden Felsen, aus denen uralte Kreuzkuppelkirchen ragen, als wären sie nicht von Menschenhand erschaffen, sondern der Natur entsprungen, als gehörten sie zu dieser Landschaft, die schon vor Jahrtausenden eine Drehscheibe zwischen Anatolien und Transkaukasien, zwischen Schwarzem Meer und Kaspischem Meer gewesen ist.

Nur eine knappe Autostunde von Eriwan entfernt, zwischen den Hügeln, inmitten der wild zerklüfteten Berglandschaft, taucht der Sewan auf, von den Armeniern die »Blaue Perle« genannt. Mit einer Länge von fünfundsiebzig Kilometern und einer Breite von bis zu neunzehn Kilometern ist er einer der größten Bergseen der Welt. Der Sewan liegt wildschön umrahmt von den schneebedeckten Gipfeln der bis zu dreitausend Meter hohen Berge des Kleinen Kaukasus. Der See liegt zwar auf über 1.900 Meter Höhe, erwärmt sich im Sommer aber auf über dreißig Grad. Viele Bewohner der Hauptstadt nutzen die unberührte Landschaft und die Bademöglichkeiten zur Erholung.

Die wasserwirtschaftliche Nutzung zur Energiegewinnung und Bewässerung führte in der Vergangenheit zu einer Absenkung des Wasserspiegels um achtzehn Meter, was gravierende ökologische Verwerfungen zur Folge hatte. Trotz der Energieprobleme Armeniens wird seit einigen Jahren versucht, den Wasserspiegel wieder anzuheben. Die Anwohner des Sees leben von der Landwirtschaft und bebauen jeden Hektar, der als Ackerland nutzbar ist, was in Armenien nur für fünfzehn Prozent der Landesfläche gilt.

Die touristische Infrastruktur hat sich nur schwer von dem Untergang der Sowjetunion erholt. Immerhin bietet das »Bohemien Ressort«, eine am nordwestlichen Seeufer gelegene, zitronengelb gestrichene Anlage, die zur Hotelkette *Best Western* gehört, den ausländischen Besuchern westlichen Komfort. Die Landschaft strahlt Ruhe und Erhabenheit aus. Der See schimmert türkisfarben, in der Ferne dreht ein Ausflugsdampfer seine Runden, am Ufer leuchten die Blumen in intensiven Farben.

Von hier sind es nur wenige Gehminuten zum Wahrzeichen des Sees, dem Kloster Sevanavank, pittoresk auf einer Landzunge gelegen, die einmal eine Insel war, aber durch das Absinken des Wasserspiegels jetzt auf dem Felsplateau einer Halbinsel liegt. Das Kloster wurde im Jahr 837 gegründet. Die Armenisch-Apostolische Kirche betreibt dort wieder ein Priesterseminar, wobei viele Seminaristen über einen Höhenkoller klagen.

»Religiosität und nationale Identität sind in Armenien miteinander verwoben«, bestätigt Katrin Bastert-Lamprichs. Die Archäologin arbeitet als Reiseleiterin für den Reiseveranstalter *Studiosus* und bereist die Staaten des Südkaukasus seit vielen Jahren regelmäßig. »Wie auch im benachbarten Georgien bekennen sich die jungen Menschen stärker zu ihren religiösen Wurzeln als die Älteren, die noch vom Atheismus und den Kampagnen der Sowjetzeit geprägt sind.«

Einhundertfünfundzwanzig Kilometer nördlich vom Sewan, schon fast an der Grenze zu Georgien, liegt das

Kloster Sanahin, das zusammen mit den Klöstern im vier Kilometer entfernten Haghpat als UNESCO-Weltkulturerbe geführt wird. Das Kloster mit seinen Kreuzkuppelkirchen und Kapellen passt sich eindrucksvoll in die grandiose Felslandschaft ein, als wäre es der schwarzen Steinlandschaft entwachsen. Die Stadt Alawerdi, von der Sanahin ein Ortsteil ist, liegt inmitten des stark zerklüfteten Gebirges in einer dreihundert bis fünfhundert Meter tiefen Schlucht.

Alawerdi war zu Sowjetzeiten eines der größten Kupferabbaugebiete des Landes. 1989 begannen dort Demonstrationen der Bewohner gegen die selbst für sowjetische Verhältnisse außerordentliche Umweltverschmutzung. Aus diesen Öko-Protesten erwuchs dann in den folgenden Wochen und Monaten, flankiert vom Niedergang der UdSSR, die Unabhängigkeitsbewegung, die schließlich auf Eriwan übergriff.

In den Schluchten rosten die riesigen Stahl- und Chemiekombinate, das industrielle Erbe der Sowjetunion. Angeblich aufgrund der erhöhten Nachfrage nach Kupfer auf dem Weltmarkt soll dort demnächst der Abbau wieder beginnen. Bis dahin müssen die Überweisungen aus der Diaspora helfen, der weltweit verstreuten Community der Auslands-Armenier, die mehr als doppelt so groß ist, wie das Land Einwohner zählt.

Epilog

In seinem Werk »Hass auf die Massen« – 1996 erschienen – beschrieb der britische Literaturwissenschaftler John Carey, dass ein erheblicher Teil der englischen Intellektuellen, etwa Virginia Woolf, gegen die Einführung der allgemeinen Schulpflicht polemisiert hätte, weil die Intellektuellen dadurch einen negativen Einfluss der Unterschichten auf das Geistesleben befürchteten. Carey vertrat in diesem Zusammenhang die Auffassung, dass durch die Alphabetisierung der Unterschichten die Kunst sich in den Elfenbeinturm zurückgezogen habe, um ihr Alleinstellungsmerkmal zu betonen und zu bewahren.

Der Autor, Jahrgang 1934, ehemaliger Oxford-Professor, analysierte die Einstellungen der Intellektuellen zwischen 1880 und 1930. Er lieferte damit auch den Beweis, dass die Arroganz der britischen Oberschicht jener Zeit ihren Widerhall auch in der Ideologie der extrem völkischen Bewegungen der Zwischenkriegszeit in Europa fand. Diese Tatsache wird in der zeitgenössischen (westlichen) Geschichtsschreibung konsequent ignoriert oder verleugnet.

In diesem Zusammenhang scheint die Frage gerechtfertigt, ob die heutigen Eliten in der westlichen Welt eventuell ebenfalls gewisse Vorbehalte gegenüber der Aufklärung der Massen hegen?

Diese Frage ist durchaus angebracht, studiert man etwa die Medien, mit denen öffentlich Meinung gemacht wird. Wir wissen ja: Die öffentliche Meinung ist die *veröffentlichte* Meinung.

Gewiss: Das ganze Wissen der Menschheit ist heute zugänglich, man kann nicht behaupten, dass in unseren Landstrichen Menschen Informationen, also Wissen, vorenthalten werde. Aber in diesen Informationen ertrinken die meisten, weil sie nicht gelernt haben, Wichtiges von Unwesentlichem zu unterscheiden. Die Überflutung ist auch eine Methode der Entmündigung und Bevormundung. Denn damit keiner im Wissen ersaufen muss, gibt es den kapitalistischen Info-Service: In den Redaktionen wird für die Rezipienten vorsortiert, werden die Nachrichtenunmassen reduziert und in zumutbare Häppchen und Schlagzeilen geschieden und serviert.

Bisweilen (sagen wir: meistens) fällt diese Selektion tendenziös aus und kann darum punktuell Propaganda genannt werden. Oft – in letzter Zeit immer öfter – wird diese Einseitigkeit von immer mehr Menschen erkannt, was sie sauer macht und veranlasst, entweder diese zugeteilten Informationen zu verweigern oder ihren Unmut auf andere Art zu zeigen. Etwa bei Wahlen und Umfragen vor Wahlen.

Das wiederum provoziert bei Vertretern jener Klasse, die dieses System geschaffen haben und am Leben halten, zu recht merkwürdige Reflexe.

»Wissen Sie«, erklärte 2016 die Präsidentschaftskandidatin Hillary Clinton bei einer Spendenaktion in New

York, »man kann die Hälfte von Trumps Anhängern in das stecken, was ich den Korb der Bedauernswerten nenne.« Sie seien rassistisch, sexistisch, homophob, fremdenfeindlich, islamophob – und Trump habe sie »emporgehoben«, also bestehende Ressentiments geschürt.

Mit anderen Worten: Die »Bedauernswerten« wurden von der Demokratin Clinton nicht nur durch den Kakao gezogen, ihnen wurde auch noch empfohlen, ihn zu trinken. Indem man eben sie, Hillary Clinton, wähle …

Was für eine Moral?

Als Hillary Clinton, Außenministerin der USA, 2011 vom Lynchmord an Libyens Gaddafi und der widerlichen Schändung seines Leichnams erfuhr, grinste sie nicht nur anzüglich und unangemessen in die Kamera. Sie paraphrasierte auch noch Cäsars »Veni, vidi, vici« triumphalistisch: »We came, we saw, he died!« (»Wir kamen, wir sahen, er starb!«)

Das war wenig diplomatisch. Es war auch menschlich höchst unanständig.

Wenig später wurde sie von einem Reporter auf *Fox News* dazu befragt, etwa, ob sie ihren Auftritt bei Gaddafis Ermordung bereuen würde.

»Kein Kommentar«, lautete ihre gefühllose Antwort.

Angesichts dieser Höhe der moralischen Messlatte des politischen Establishments in den USA musste sich die Welt beispielsweise auch nicht darüber wundern, dass bei der folgenden Präsidentenwahl eine Mehrheit in den USA nicht für die Pest, sondern für die Cholera votierte.

Wie schaut es bei uns, in den EU- und den NATO-Staaten diesbezüglich aus? Ist die Moral höher, die Demokratie reifer, die Zivilisation besser?

Frankreichs Präsident Macron erklärte 2017, dass er bezüglich der Durchsetzung seiner Reformen »weder vor den Faulenzern noch den Zynikern, noch den Extremen zurückweichen« werde. Jahre später, während der Pandemie, wünschte er Ungeimpften die Bürgerrechte abzusprechen.

Zu einer Art bescheidenen Ehrenrettung des französischen Präsidenten sei allerdings darauf hingewiesen, dass er auch gegenüber Seinesgleichen ausfällig werden kann. So bezeichnete er die NATO als »hirntot« und den polnischen Premierminister Morawiecki als »rechtsradikalen Antisemiten«. Ich will nicht sagen, dass er irrte, aber ich darf so etwas sagen: Ich bin ein kleiner Journalist, kein Staatsoberhaupt.

Oder nehmen wir Olaf Scholz. Bei einer Veranstaltung in München verlor er angesichts der – berechtigten – Unmutsbekundungen im Publikum die Contenance. Die Kriegsgegner reckten ihm Friedenstauben entgegen, womit sie ihre Ablehnung deutscher Waffenlieferungen in die Ukraine bekundeten. Scholz nannte die gefiederten Tiere und deren Träger wütend »gefallene Engel«, die aus der Hölle kämen.

1982 hatte der selbe Scholz, damals stellvertretender Bundesvorsitzender der Jusos, »die Überwindung der kapitalistischen Ökonomie« gefordert und die »aggressiv-imperialistische NATO« attackiert. Hat er vergessen. Inzwischen ist seine Amnesie gerichtsnotorisch: An die

Gespräche mit einem Hamburger Banker wegen illegaler Finanztransaktionen kann er sich auch nicht mehr erinnern.

»Was geht in einem Kanzler vor, der religiöse Rhetorik für die Rechtfertigung eines Stellvertreterkrieges in Osteuropa nutzt?«, fragte darauf das im Westend-Verlag erscheinende *Overton Magazin*. »Statt auf Fakten greift man auf Metaphern und Bilder zurück, die viele tausende Jahre alt sind, die in unserer kulturellen DNS stecken, dort Gefühle aufrütteln, Ängste entfesseln, Rollenverteilungen definieren.«

Es ist natürlich möglich, dass ein Spitzenpolitiker wie Olaf Scholz, der sich gern von gekauften Journalisten handzahme Fragen stellen lässt, in Rage geraten kann, wenn er – wie in München geschehen – mit einer Menschenmenge konfrontiert ist, die insofern keine Minderheit darstellt, sondern eine Position vertritt, welche die Meinung der berühmten schweigenden Mehrheit darstellt.

»Grenzen werden nicht mit Gewalt verschoben«, brüllte Scholz in die aufgebrachte Runde, »wo würden wir da enden?«

Ja, wo würden wir da enden, Herr Bundeskanzler?

Etwa auf dem Balkan, dort, wo einmal ein Staat existierte, der Jugoslawien hieß? An dessen völkerrechtswidriger Zerschlagung waren die NATO und die Bundeswehr (unter einer SPD-geführten Regierung) beteiligt.

Oder im Südkaukasus, wo Aserbaidschan, von Scholz als »wichtiger Partner von wachsender Bedeutung« gelobhudelt, die Grenzen gegenüber Armenien in seinem Sinne verschiebt, ohne dabei von Berlin oder Brüssel gebremst oder ernsthaft ermahnt zu werden. Wahrscheinlich kann sich Olaf Scholz auch daran nicht mehr erinnern.

Er bedient sich einer Rhetorik, die eher an einen religiösen Fanatiker oder Teleprediger aus den USA als an einen sozialdemokratischen Kanzler der Bundesrepublik erinnert. Liegen die Nerven blank oder ist dem Kanzler bewusst, in welch gefährliche Ausgangslage er die Republik durch seine Nibelungentreue zur USA manövriert hat? Erleben wir bereits die Kanzlerdämmerung? Den Untergang des christlichen Abendlandes?

Während seines Besuchs in Südamerika Ende Januar 2023 wurde Olaf Scholz mit den Folgen der abnehmenden geopolitischen Bedeutung Europas konfrontiert. Ihm gelang es einfach nicht, das verdächtige Odeur eines Washingtoner Stellvertreters abzustreifen. Er selbst mag mit Erstaunen festgestellt haben, wie wenig sich die Welt noch um dieses Europa schert. Der Kontinent und seine politischen Institutionen stehen relativ unbedeutend, für manche gar erbärmlich in der Weltgegend herum. Der Köhlerglaube, zwischen den USA und Asien Europa als drittes Machtzentrum zu etablieren, offenbarte sich als solcher: als naives Wunschdenken. Westeuropa ist in Wirklichkeit längst nur noch der Wurmfortsatz Washingtons. Die Emanzipation von den USA ist nicht erfolgt und nun wohl kaum mehr möglich.

In der Überzeugung, die in den westlichen NATO-Staaten gesponnenen Narrative ließen sich überall verbreiten, bekam Europas Staatsmann Scholz vom argentinischen Präsidenten Alberto Fernandez eine Abfuhr erteilt. »Ich will nicht über Entscheidungen urteilen, die andere Länder treffen«, sagte Fernandez schmallippig in einer gemeinsamen Pressekonferenz mit dem deutschen Kanzler. »Argentinien und Lateinamerika denken aber nicht daran, Waffen an die Ukraine oder irgendein anderes Land in einem Konflikt zu schicken.«

Um den Bittsteller aus Übersee nicht völlig bloßzustellen, ließ er noch etwas diplomatischen Qualm aufsteigen. Er könne versichern, dass der Kanzler und er sich nichts sehnlicher als die Herstellung des Frieden in der Ukraine wünschten.

Fernandez sprach pro domo. Auch Chile, Brasilien und andere Staaten Südamerikas gaben laut Medienberichten der Bitte der USA nicht nach, alte russische Ausrüstungen und Waffen für die Ukraine zu spenden.

Scholz hatte schon vor seiner Visite in Südamerika die Internationalität des Konfliktes herauszustellen und damit zu erklären versucht, weshalb er quasi auch (nicht nur) für die USA spräche. Dem Medienverbund *Grupo de Diarios America* hatte er nämlich gesagt, dass der Ukraine-Krieg »keine rein europäische Angelegenheit« sei. Womit er sicherlich Recht hat, wenn man die Rolle der USA im Vorfeld des Konflikts und heute beurteilt.

Die brasilianische Zeitung *Folha de S. Paulo* informierte unter Berufung auf interne Kreise, dass Brasilien der deutschen Bitte nach dem Verkauf von Gepard-Munition eine Absage erteilt habe.

Der Bundeskanzler war allerdings auch in eigener deutscher Sache zum Blitzbesuch in die Region aufgebrochen. Er wollte wirtschaftlich die negativen Folgen der Sanktionspolitik für die Bundesrepublik abfedern. »Vor allem aber treibt ihn um, dass die Großkonflikte mit Russland und China ihren Tribut fordern: Das bisher aus Russland importierte Erdgas muss ersetzt werden, und Berlin sucht nach Alternativen bei der Beschaffung der Rohstoffe für die Energiewende, bei der es von Seltenen Erden bis hin zu verarbeitetem Lithium derzeit noch auf die Volksrepublik angewiesen ist«, schrieb Journalistenkollege Jörg Kronauer.

Die Erfahrungen und Rahmenbedingungen, welche den Besuch des deutschen Kanzlers begleiteten, waren Ausdruck einer Idiotie, mit der die Eliten Europas und des transatlantischen Westens operieren.

Aber wie steht es um die Zukunft der USA?

Was keiner feindlichen Macht gelang, seit die Briten 1813 das Gebäude im britisch-amerikanischen Krieg in Brand steckten, was weder Nazis, Kommunisten noch Islamisten schafften, gelang zahlreichen Demonstranten aus dem eigenen Land, gelang Menschen aus Regionen der USA, welche die Macht-Eliten lange Zeit ignorierten, über die sie überheblich hinwegsahen: Diese Leute erstürmten das Kapitol, dieses architektonische Symbol der amerikanischen Demokratie.

Donald Trumps Rolle in diesem Spektakel war äußert fragwürdig. Der damals noch amtierende Präsident hatte in den Augen vieler eine Grenze überschritten, was für ihn persönlich nicht folgenlos bleiben soll.

Fragwürdig bleibt aber auch, weshalb das Kapitol trotz aller Warnungen so ungesichert war, dass ein Mob eindringen konnte, vor allem, wenn man bedenkt, wie schnell US-Sicherheitsorgane den Finger sonst am Abzug haben, bei ordinären Verkehrskontrollen beispielsweise. Die Supermacht ist angeschlagen, wird von innenpolitischen Spannungen heimgesucht, die ihren Höhepunkt noch nicht erreicht haben, sondern diesen erst entgegengehen.

Rund drei Jahrzehnte nach dem Ende des Kalten Krieges, aus dem die USA als vermeintlich strahlender Sieger hervorgingen, als uneingeschränkte und alleinige Weltmacht, ja als »Neues Rom«, wie pathetische Politologen es damals formulierten, gleichen die Vereinigten Staaten eher der ausgehenden römischen Republik, die flankiert von einer militärischen Überdehnung und an ihren inneren Widersprüchen langfristig zu Grunde ging. Die Lunte, welche in Washington D.C. 2021 die Explosion auslöste, brannte schon lange. Damals konnte noch niemand ahnen, dass das Jahr 2021, welches mit dieser innenpolitischen Eskalation in den USA begann, im Spätsommer – mit der Flucht der US-Truppen aus Afghanistan – auch in ein außenpolitisches Fiasko für die Supermacht münden sollte.

2021, das Jahr 20 nach 9/11, war ein »Annus horribilis«, ein »schreckliches Jahr« für die USA. Die Explosion der Gewalt im Inneren, stand und steht im direkten Zusammenhang mit dem außenpolitischen Scheitern im zwei Jahrzehnte zuvor ausgerufenen »War on Terror«.

Auch wenn in den Massenmedien des Westens sowohl die Ereignisse in Washington im Januar wie die in Kabul einige Monate später nur oberflächlich analysiert wurden und werden, bedingen diese sich gegenseitig. Zwölf Monate nach den Ereignissen am Kapitol ist das Vertrauen der Amerikaner in ihr politisches System massiv gesunken.

In einer Umfrage des Medienkonzerns *CBS* äußerten zwei Drittel der Befragten, die US-Demokratie sei bedroht. Festzustellen ist hierbei, dass sich ein tiefsitzendes Misstrauen breitgemacht hat – nicht nur bei den Anhängern von Donald Trump –, welches das Vertrauen in demokratische Institutionen und Verfahrensweisen nachhaltig untergräbt.

Eine weitere Umfrage, welche von der *Washington Post* in Auftrag gegeben wurde, lieferte konkretes und beunruhigendes Zahlen-Material. Nur noch 54 Prozent der Befragten gaben an, stolz auf die US-Demokratie zu sein. 2002 waren es noch 90 Prozent.

Das ist insofern ein bemerkenswerter Niedergang, da die These von der demokratischen Führungsmacht der westlichen Welt, welche unmittelbar nach dem 11. September 2001 noch von einer großen Mehrheit der US-Bürger geteilt wurde, von jener »Shining City on the Hill«, der »leuchtenden Stadt auf dem Hügel«, die Amerika angeblich in der Welt darstellen würde, inzwischen von wachsendem Selbstzweifel und erlöschendem Sendungsbewusstsein ersetzt wurden.

Diese dramatischen Verschiebungen im Stimmungsbild der Amerikaner wurde natürlich nicht erst durch den Sturm auf das Kapitol verursacht, sondern sind das Ergebnis von sozialen Entwicklungen, die schon seit Jahrzehnten im Gange sind. Seit Jahren sinkt in den

USA die Lebenserwartung, flankiert von einer Explosion der Kriminalität.

1992 schrieb ein junger Mann, der drei Jahre später 168 seiner Landsleute ermorden sollte, in einem Artikel in einer Kleinstadtzeitung: »Der amerikanische Traum der Mittelklasse ist vollständig verschwunden, an seine Stelle sind Menschen getreten, die nur darum kämpfen, die Lebensmittel für die nächste Woche kaufen zu können. Und der Himmel möge verhindern, dass der Wagen kaputtgeht. Politiker untergraben den ›amerikanischen Traum‹ noch weiter, indem sie Gesetze verabschieden, die eine rasche Reparatur bringen, in Wirklichkeit aber nur die Wiederwahl sichern.«

Der Autor war Timothy McVeigh.

»McVeigh entfaltete vor seiner Tat, nach der Rückkehr von den Schlachtfeldern des Persischen Golfes, eine rege publizistische Aktivität in Form von kleinen Artikeln und Leserbriefen, das Internet war damals noch kein Massenmedium. Seine Zeit als Soldat während des Golfkrieges, einer Epoche, in der die USA als große Sieger auf der Bühne der Weltgeschichte stolzierten, in der der US-Politologe Fukuyama vom ›Ende der Geschichte‹ schwärmte, in der nur noch Demokratie und Marktwirtschaft den Lauf der Welt bestimmen würden, führte bei ihm zu einem Denkprozess, in der einige seiner Analysen – das ist das erstaunliche hierbei – klüger klingen, als viele der gefeierten Experten, die sich heute längst als Fehlprognose erwiesen haben.

McVeigh analysierte das Schicksal einer Mittelschicht, deren Einkommen stagniert und die sukzessive auf der falschen Seite einer neuen, in den USA ebenso wie Europa, sozialen Kluft rutschen, die Kluft zwischen den wohlhabenden Eliten und der breiten Masse.«

Das schrieb ich in einer Analyse auf *Cashkurs* 2017.

Dass dieses Milieu noch immer existiert, aus dem McVeigh kam, sich sogar weiter radikalisiert, hat Rick Rowley in seiner sehenswerten Dokumentation dargestellt. Befinden sich die USA schon in dem unerbittlichen historischen Prozess, welcher den Niedergang großer Imperien begleitet?

Noch ist der Status der Weltmacht nicht ernsthaft in Frage gestellt. Die Hypermacht mit kontinentalen Ausmaßen verfügt zudem über ein wirtschaftliches und militärisches Potenzial, dem seine Gegner und Partner noch nichts entgegenzusetzen haben. Militärisch sind die USA immer noch die mächtigste Kraft der Welt, zu Wasser, in der Luft, wenn auch schon lange nicht mehr zu Lande. Allerdings sind die außenpolitischen Fehlschläge der letzten Jahre eklatant und haben den Nimbus ausgehöhlt. US-Präsident Roosevelt gelang zu Beginn der 1930er Jahre die Katastrophe einzudämmen, welche durch die große Depression entstanden war, nachdem sein Vorgänger Herbert C. Hoover noch bis zuletzt gepredigt hatte: »Business as usual, prosperity is around the corner.«

Allerdings war die ökonomische Stabilisierung der Roosevelt-Politik nicht von Dauer. Der Rückfall in die Stagnation wurde erst durch das Eingreifen der USA in die kriegerischen Wirren Europas, bis hin zum Kriegseintritt und die damit verbundene Ankurbelung einer gigantischen Rüstungsindustrie überwunden. Dies mag ein Erklärungsansatz dafür sein, neben der Ablenkung von innenpolitischen Spannungen, weshalb die angeschlagene Supermacht sich so vehement dem Aufstieg der Volksrepublik China entgegenstellt. Leider werden die USA dabei nicht von ihren Partnern gebremst oder gut beraten (naiv unterstellt: sie ließen sich beraten). Außenministerin Baerbock äußerte während ihres Besuches in Washington: »Als Europäer haben wir keinen stärkeren Partner als die USA.« Da sieht man gleich, wer Koch, wer Kellner ist.

Der Lauf der Welt nimmt aber keine Rücksicht auf solche wie am Fließband produzierten Fehlinterpretationen. Pessimisten behaupten, dass die Zukunft der Welt in einer gewissen Tribalisierung liege, nicht nur territorial, sondern auch mental. Es bildet sich eine geschlossene, misstrauische, einseitige Mentalität heraus, die alles ablehnt, was anders ist, so die Pessimisten. Aber diese Prognose ist einseitig, reflektiert bestimmte Stimmungen im Westen, in Europa und Nordamerika und übersieht die globalen Veränderungen, die sich außerhalb des Westens vollziehen.

Mit Beifall unterbrochen gab Südafrikas Präsident Cyril Ramaphosa im Sommer 2023 bekannt, dass zur BRICS-Gruppe sechs Staaten hinzukommen werden: Argentinien, Iran, die Vereinigten Arabischen Emirate, Saudi-Arabien, Äthiopien und Ägypten. Der 1. Januar 2024 wurde als Beitrittsdatum fixiert.

In vielen westlichen Medien sprach man geringschätzig von einem »Treffen der Schwellenländer«. Das war eventuell Ausdruck einer neokolonialen Attitüde. Bestimmt aber war es auch Indiz für die schwindende Fähigkeit euro-amerikanischer Analysten, globale Entwicklungen richtig zu erkennen und zu deuten.

Nahezu die Hälfte der Weltbevölkerung, darunter einige der am stärksten wachsenden Volkswirtschaften, werden sich in diesem wahrlich global aufgestellten Bündnis demnächst wiederfinden. Mit der Aufnahme der neuen Mitglieder wird das transkontinentale Bündnis zu »BRICS plus« aufsteigen. Besonders die Volksrepublik China und Russland engagierten sich für diese Erweiterung, denen eine Alternative zur bröckelnden geopolitischen und wirtschaftlichen Dominanz des Westens ein besonderes Anliegen ist.

Bislang besteht das Bündnis der BRICS-Staaten aus den großen nichtwestlichen Volkswirtschaften Brasiliens, Indiens, Chinas, Russlands und Südafrika. Rund zwanzig weitere Staaten haben sich für einen Beitritt in das Bündniss beworben. Von den Staaten, welche zum neuen Jahr dem BRICS-Block beitreten werden, sind mit Iran, Saudi-Arabien und den Vereinigten Arabischen Emiraten drei der größten Energieexporteure der Welt. Dadurch erhört sich die geopolitische Bedeutung, die ökonomische Potenz des Staatenbundes.

»Wir schätzen das Interesse anderer Länder am Aufbau einer Partnerschaft mit den BRICS-Staaten«, erklärte diesbezüglich der südafrikanische Präsident in seiner Ansprache. »Wir haben unsere Außenminister beauftragt, das Modell der BRICS-Partnerländer und eine Liste potenzieller Partnerländer weiterzuentwickeln.«

Ferner ließ das Staatsoberhaupt Südafrikas verlauten, dass es nach Auffassung der Staats- und Regierungschefs an der Zeit sei, lokale Währungen und alternative Zahlungssysteme zu verwenden.

Das Schlagwort der »Entdollarisierung« dürfte in Washington und den außenpolitisch gleichgeschalteten Nato-Staaten Besorgnis auslösen. Der geschäftstüchtige Donald Trump hatte vor dieser Entwicklung während seiner Amtszeit gewarnt. Verlöre der US-Dollar seinen Status als Weltreservewährung, sei das »schlimmer als jeden Krieg zu verlieren«. Allerdings ist die Entdollarisierung schon längst im Gange. China bezahlt sein aus Saudi-Arabien eingeführtes Öl in Renminbi, während die Vereinigten Arabischen Emirate sich dafür von Indien in Rupien bezahlen lassen.

Flankiert wird diese Tendenz durch die Tatsache, dass der russische Export überwiegend in Rubel abgewickelt wird. Der russisch-chinesische Handel erreicht ständig neue Rekorde. Die angestrebte Marke von 200 Milliarden Dollar wird 2023 erreicht werden.

Unabhängig davon machten die Regierungschefs der Mitgliedstaaten in ihrer jeweiligen Erklärung deutlich, dass die vom Westen propagierten strategischen Entwürfe, welche unter die Begriffe »Regelbasierte Ordnung« oder »Werteorientierte Außenpolitik« fallen, als das erkannt wurden, was diese sind – nämlich Instrumente zur Aufrechterhaltung der westlichen Hegemonie. Darum werden sie auch abgelehnt.

Stattdessen fordern die Vertreter des BRICS-Bündnisses eine vollständige Rückkehr zum Völkerrecht, dessen Gültigkeit weltweit zum Tragen kommen muss. Man kann auch sagen: zur friedlichen und zur multilateralen Koexistenz.

Nebenbei: Diese globale Verschiebung symbolisiert auch persönliche Niederlagen von Ursula von der Leyen und Josep Borrell. Der EU-Chefdiplomat, ohne Zweifel ein Mann von gestern, der »Europa als Garten« betrachtet und den Rest der Welt als »Dschungel«, wird sich hier der Begrenztheit der Macht der EU bewusst geworden sein. Das Zeitalter, in dem Europa der Welt Befehle erteilen konnte, ist schon lange vorbei. Auch die Epoche, wo der Schulterschluss Brüssels mit Washington Sicherheit und Stabilität für den altehrwürdigen Kontinent verhieß, sofern das denn jemals der Fall gewesen sein sollte. Staaten sind Egoisten, jeder verfolgt eigene Interessen. Stets ist ihnen der nationale Rock näher als der weite internationale Mantel.

In den geopolitischen Instituten von Hanoi, Vientiane und Phnom Penh wird die EU kaum noch als eigenständiger weltpolitischer Akteur wahrgenommen, sondern nur noch als Werkzeug Washingtons.

Es ist höchste Zeit, dass sich Europa außen- und verteidigungspolitisch von den USA emanzipiert, um den neuen globalen Realitäten und Kräfteverhältnissen gerecht werden zu können. Nur so könnte auch die Idiotie, die unser Zeitalter belastet, überwunden werden.

Ramon Schack,
Berlin, September 2023

edition ost –
eine Marke der Eulenspiegel Verlagsgruppe

ISBN 978-3-360-02813-6

1. Auflage 2023

Umschlag: Harm Neitzel
Fotos: Ramon Schack

Satz: edition ost
Druck: Printed in the EU

www.eulenspiegel.com